日本語を学ぶ人のための
アカデミック・ライティング講座

伊集院郁子　髙野愛子

ACADEMIC
WRITING

ask

はじめに

　本教材は、日本語によるアカデミック・ライティング力の向上を目指す方々の一助となることを目指して開発したものです。日本語中級から上級レベルの学習者を主な対象としていますが、日本語を母語とする方々にも十分ご利用いただける内容となっています。本教材で学ぶことで、日本の大学で必要とされるアカデミック・ライティングにふさわしい日本語のスタイル、適切な言語表現、説得力のある内容・構成で書くことができるようになります。大学の授業で使う場合、日本語のレベルによって、1学期間から3学期間で学ぶことを想定しています。本教材の主な特長を以下に挙げます。

◆「アカデミック・スタイル」「言語表現」「内容・構成」の3つの観点から学ぶ

　Step 1はアカデミック・ライティングにふさわしいスタイル、Step 2は文章に関わる文法・言語表現、Step 3は内容と構成を磨くことを中心に学びます。本教材では、まずは、アカデミック・スタイルで、実例に基づいてわかりやすくまとまりのある文章を書く練習を行い、その後、構成を工夫して内容を深め、独自性のある文章を書く練習をします。

◆実例から考え、その改善例から学ぶことで推敲力を鍛える

　Step 1とStep 2の「考えよう」では、筆者らが計50年以上にわたって取り組んでいる日本語教育で目にしてきた「不自然さ」が含まれた実例を示しています。どこを改善すればよいか考える活動を通じて自分の文章を見直すための力をつけ、「改善例」と「ここに注目」で問題意識を明確にし、文章を改善する方法を学びます。Step 3では、専門家が執筆したコラムや評論から、言語表現や論理の流れを分析する活動も加わります。

◆幅広いテーマとトピックで知識を深め、論理を組み立てる力をつける

　日本語レベルが上がると、書けるトピックや内容も深化していきます。そこで本教材では、課ごとにテーマを設定し、各Stepではそのテーマに関連する幅広いトピックを取り上げました。一般的・社会的な内容から専門的な内容まで扱っていますので、前のStepで学んだことも振り返りながら知識や思考を深め、書く練習を重ねることで論理を組み立てる力をつけていくことができます。

　本教材で一歩ずつステップアップしていくことによって、日本語を学ぶみなさんにアカデミック・ライティング力の向上を実感していただければ幸いです。

　なお、本教材は、JSPS科研費19720119、25370705、15K02633、17K18489、18K00680による研究成果を活かして作成しました。これらの研究活動を支えてくださった小森和子氏（明治大学）、李在鎬氏（早稲田大学）、野口裕之氏（名古屋大学）、奥切恵氏（聖心女子大学）、髙橋圭子氏（フリーランス）、林淑璋氏（台湾元智大学）、盧妧鉉氏（韓国徳成女子大学校）をはじめ、作文コーパスの構築にご協力くださった国内外の大学生の皆様、作文の評価にご協力くださった大学教員の皆様にお礼を申し上げます。また、2020年春学期のオンライン授業で、留学生を対象とする大学の中級クラス、大学院の上級クラス、学部留学生と日本語母語の学生との共修クラスにおいて試用した際に、本教材の効果を実感させてくれた東京外国語大学、大東文化大学、法政大学大学院の学生の皆様にもお礼を申し上げます。

　最後に、昨年の夏、研究発表を聞いて声をかけてくださったアスク出版の松尾花穂さんとの出会いに感謝いたします。作文教材の作成を勧めてくださり、完成まで笑顔で支え続けてくださって本当にありがとうございました。

2020年11月

伊集院郁子・髙野愛子

◆本教材の構成

本教材を利用した学習の全体的な流れは、図１の通りです。

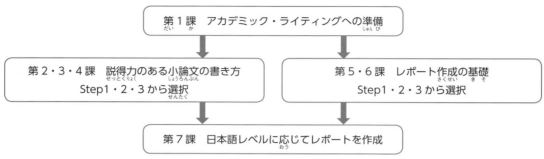

第１課　アカデミック・ライティングへの準備

第２・３・４課　説得力のある小論文の書き方
Step1・2・3から選択

第５・６課　レポート作成の基礎
Step1・2・3から選択

第７課　日本語レベルに応じてレポートを作成

図１：学習全体の流れ

全体構成は、次のページの表１に示す通り、全７課で、第２課から第６課はStep1・2・3の３段階で構成されています。Step1は日本語中級クラス、Step2は中上級クラス、Step3は上級クラスでの使用が目安ですが、文章を書く力は日本語の語彙、文法能力だけでは測れないので、目的に合ったStepを選んでください。なお、第２課から第６課のStep1はN3以上、Step2はN2以上、Step3はN1以上、そのほかはN3以上の漢字を含む語彙を目安として、見開きページの初出箇所にルビを振りました。N2とN3の区別は、既存の教材類を参考にしました。

各ステップの目的は、以下の通りです。

中級
Step1：アカデミック・ライティングにふさわしいスタイルで、まとまりがある文章を書くことに慣れる。

Step2：言語表現を工夫し、まとまりやつながりが明確でわかりやすい文章を書く。

上級
Step3：論理構成を整え、内容を深く掘り下げて説得力のある文章を書く。

◆授業・学習の進め方

第１課と第７課は、日本語レベルにかかわらず、すべてのクラスで扱うことが望ましいです。第２課から第６課は以下の進め方を参考にしてください。

- **日本語中級クラス**：Step1を進めてください。Step1の学習を終了した後、次の学期は第２課に戻り、Step2を進めてください。最後の学期にStep3を進めることで、同一のテーマでも徐々に文章力が向上していることを実感できます。着実に学習を進める場合、週１回15週のクラスを１学期分として、３学期間が目安です。

- **日本語中上級クラス**：Step1は宿題とし、クラスではStep2を中心に進めてください。Step2の学習終了後は、再び第２課から第６課のStep3を学習してください。学習期間の目安は２学期間です。

- **日本語上級クラス・日本語母語話者クラス**：Step3だけを進めることもできますし、Step1と2を宿題・自習で同時に進めることもできます。最短で１学期間で終了できます。

表 1 　『日本語を学ぶ人のためのアカデミック・ライティング講座』の構成

課	テーマ	トピック	学習項目
1	アカデミック・ライティングへの準備		
2	日本・日本人〈小論文：自分の体験に基づいて意見を述べる〉	Step1:「文化・習慣の違い」	文末・文中のスタイル
		Step2:「日本らしさの発見」	指示表現・接続表現
		Step3:「日本論・日本人論」	序論・本論・結論 ／ 中心文・支持文
3	テクノロジー〈小論文：立場を決めて意見を述べる〉	Step1:「アナログ vs デジタル」	指示表現・接続表現・副詞のスタイル
		Step2:「インターネットの功罪」	主張の表現 ／ 文末のバリエーション
		Step3:「AI の光と影」	説得力のある論理展開
4	教育〈小論文：課題を見つけて意見を述べる〉	Step1:「自国の教育の特徴と課題」	名詞・動詞・い形容詞・な形容詞のスタイル
		Step2:「宿題の必要性」	視点・呼応の表現
		Step3:「教育格差の是正」	段落と文の働き
5	ニュース〈レポート基礎：関心のあるニュースを紹介する〉	Step1: ニュースの紹介	助詞・引用のスタイル
		Step2: 新聞記事の紹介	引用の表現
		Step3: 複数の記事の検討	客観的な根拠としての引用
6	働き方〈レポート基礎：データに基づいて報告する〉	Step1:「将来の職業選択」	数値に関する表現のスタイル
		Step2:「女性と労働」	図表・データの表現
		Step3:「労働に関する社会的課題」	図表・データの利用
7	持続可能な世界：SDGs を考える〈学んだことを生かしてレポートを完成させる〉		

各 Step の学習の流れは、以下の通りです。
Step１・２　　書く前に → 考えよう → 改善例 → ここに注目 → 表現練習 → 書いてみよう
Step 3　　　書く前に → 確認しよう → 考えよう → 解説 → ステップアップ → 書いてみよう
※「解説」の後に「表現練習」、「調べよう」が入る課もあります。

・Step 1・2の進め方
書く前にでは、テーマに関連する資料を利用してグループで話し合う活動や、個人活動の場合は書く前のブレインストーミングを行います。考えようでは、実例に基づいてどこを改善すべきかグループまたは個人で検討し、改善例と照らし合わせて検討結果を確認します。ここに注目でその課のポイントとなる項目を学習し、表現練習でポイントが定着しているかを確認してから書いてみように進みます。Step１・２の段階では、書いてみようのアウトラインの例にそって、改善例を参考にしながら書くことで、基本的な型が身につきます。

・Step 3の進め方
Step 3 の書く前にでは、文章を分析しながら読み取り、続く確認しよう・考えようの問いへと進みます。解説では、考えようの問いに対する解説をしていますので、その課の学習項目の理解を深めることができます。発展的な課題ステップアップにもぜひチャレンジしてください。書いてみようでは、独自性のある文章を書くことを目指すとよいでしょう。

※さまざまな日本語レベルの学生が混在するクラスでは、各学生のレベルにあった Step の書いて
みようの課題に取り組むことも可能です。

※書く力の向上が実感できるようにポートフォリオを作成して成果物を保管していき、Step 1か
ら Step 3への学習の過程を振り返る機会をもつと、学習者のモチベーション維持にもつながり
ます。

※書いてみようは、授業の進度によって授業中に書くか宿題にするかなど調節してください。

※授業中に書く時間、教員の添削後のフィードバックの時間を含め、第2課から第6課の各 Step
につき1回90分の授業で2回分を想定しています。第1課は1～2回、第7課は2～3回分を
想定していますが、授業形態などによって柔軟に扱うことができます。

◆ワンポイント！
大学生はぜひ知っておきたい「自己紹介」「授業コメント」「発表用資料」「メール」の書き方のポイ
ントを示しています。宿題や授業時間の調整にもお使いいただけます。

◆巻末資料
・「原稿用紙の使い方」「文書作成ソフトの書式」：それぞれの書式に関する注意点を示しています。
・「チェックリスト」：小論文・レポートを提出する前にはこのリストで確認する習慣をつけてく
ださい。
・「50音順スタイル対照リスト」：各課の Step1で学んだアカデミック・スタイルを50音順に一
覧にしたものです。各課で扱いきれなかった表現も含まれていて、辞書のように利用すること
ができます。
・「評価用ルーブリック」：大学教員の評価コメントに基づいて作成したものです。学習者には執
筆時のポイントの確認に、教員には実際の評価にご利用いただけます。

◆記号凡例
本教材で用いている記号の意味は、以下の通りです。
／：異なる複数の表現を並べて示す　例）多く／大勢／大量に
〔 〕：直前の語と入れ替えて使うことが可能　例）～と報告〔指摘〕している
（ ）：（ ）内の語はあってもなくてもよい　例）絶対（に）～ない
V：動詞
N：名詞

◆補助教材ダウンロードのご案内
以下のサイトから補助教材をダウンロードしていただけます。ぜひご活用ください。

　　　https://www.ask-books.com/978-4-86639-360-5/

zip 圧縮を解凍するときに次のパスワードを入力してください。　　　93605

補助教材：アウトライン記入用紙、レポート作成のためのワークシート、Step 1・2 改善例（原稿
用紙版）、原稿用紙、チェックリスト、評価用ルーブリック（日本語版／英語版）

第1課

アカデミック・ライティングへの準備

書く力をつけるためには、たくさん書いてみる必要があります。ただ、頭に浮かんだことをそのまま書くだけでは、アカデミック・ライティング（大学で必要とされる学術的な文章）の力は身につきません。本教材は、説得力のある小論文を書く力、必要な情報を組み立てて論理的なレポートを書く力をつけることを目指しています。その準備として、第1課では、これまでの書く活動を振り返り、作文の実例からアカデミック・ライティングに必要なスキルを考えます。

 ## 第1課の目標

アカデミック・ライティングにふさわしい日本語のスタイル、言語表現、内容・構成を考える。

1-1 本教材で練習する「作文」の種類

みなさんは、「作文」ということばの意味をどのように説明しますか。

『例解新国語辞典』では、「作文」を以下のように説明しています。

①文章をつくること。また、その文章。 用例 英作文。

②もっともらしく形だけはととのっているが、なかみがない文章。 用例 役人の作文。

表現 国語の学習では、体験や考えを文章にすることを意味し、外国語の学習では、文法に合った文をつくること（英語ではコンポジションともいう）を意味する。

『例解新国語辞典（第九版）』（2016）三省堂

本教材で練習する「アカデミック・ライティング」は、この「作文」の意味とは異なるものです。アカデミック・ライティングについて詳しく考える前に、これまでのみなさんの書く活動を振り返りましょう。

これまでみなさんは、日本語でどのような種類の「作文」を書いたことがありますか。

書いた目的や理由、テーマや内容、文字数などもメモしてください。

「作文」の種類を表すことばの例

感想文、説明文、小論文（意見文）、レポート、論文、スピーチの原稿、発表用スライド、レジュメ、メール、手紙

種類 例：小論文	目的・理由 例：試験 （日本留学試験）	テーマ・内容 例：小学校での 英語教育	文字数 例：400〜500字	時期・場所 例：3年前、 日本語学校で

アカデミック・ライティングというのは、**大学で必要とされる学術的な文章**のことです。本教材では、中級から上級へとみなさんの日本語が上達するのにつれ、ステップごとにアカデミック・ライティングの力をつけていくことを目指します。具体的には、小論文（意見文）とレポートの練習をします。

◆小論文

与えられた課題に関し、主張（意見・立場・提案など）を根拠を挙げて論理的に伝えることを目的とする文章。

＊日本の大学入試や就職活動で課されることが多い。

＊「根拠」は書き手の頭の中の知識や一般的知識、社会的常識でよい。資料やデータに基づく客観的証拠の提示や文献の引用はなくても問題ない。

＊初等中等教育では、「意見文」と呼ばれることもある。「小論文」の方が「意見文」よりも学術的な印象を与える。文字数も小論文の方が多い。

◆レポート

設定したテーマに関し、文献や資料を読んだり、調査を行ったりして情報を収集し、それらの根拠に基づいて結果と考察を論理的にまとめた文章。

＊大学の授業や職場で課されることが多い。

＊課題（テーマ、問い）は指定される場合もあるが、専門分野や個人の関心、大学の授業の内容、職場の業務内容に応じて自分で考える場合もある。

本教材では、小論文とレポートの違いを表1のように考えています。

表1　本教材の小論文とレポートの考え方

	小論文（第2課〜第4課）	レポート（第5課〜第7課）
課題の設定	設定されている	自分で設定する （大きなテーマが与えられ、自分で問いを立てることが多い）
課題への回答	自分自身の考え	自分自身の考え
主張の根拠	社会的常識や知識を主に利用	客観的な情報・データを収集することが必須
引用と参考文献リスト	必須ではない	必須
章・節立て	必須ではない	必須ではないが推奨
文字数の目安	日本語能力に応じて500字程度から	日本語能力に応じて800字程度から
読み手	大学の授業：教員やクラスメート 入学試験や入社試験：不特定多数の採点者	大学の授業：教員やクラスメート 職場：上司や同僚、社外向けの場合は不特定多数の人

先生

文章を書く際、どのようなことに注意する必要がありますか。
「よい文章」の条件は何ですか。

伝えたいことが正確に伝わる文章がよい文章だと思います。
正しい日本語で書くことも大切です。

Aさん

先生

そうですね。よい文章の条件は書く目的によって異なりますが、みなさんが学ぶアカデミック・ライティングは、感じたことを書く感想文とは異なり、主張を根拠とともに論理的に書くことが重要です。大学の教員が評価するときは、以下のような観点を重視していますよ。

評価の観点（☞詳細は 162 ～ 165 ページの「評価用ルーブリック」を参照してください。）

1）内容構成面

例）主張が明確で説得力があるか、各段落がバランスよく論理的につながっているか、段落内のまとまりがあるか、レポートの場合はテーマ設定が適切か、引用のマナーが守られているか

2）言語表現面

例）文法や語彙、表記に誤用がないか、スタイル（文体）は統一されているか、多様な表現が適切に使われているか

3）形式面

例）書式や文字数が指定通りか、句読点が適切か、レポートの場合は参考文献リストが適切か

4）その他

例）意欲的に書き上げているか、読み手に配慮しているか、タイトルは適切か、独創性があるか

学習段階別 アカデミック・ライティングのためのステップ

感想文のような文章からアカデミック・ライティングへと進化させるためには、日本語母語話者でも、日本語能力試験のＮ１に合格している日本語学習者でも、トレーニングが必要です。本教材では、学習段階に応じて以下のようにステップアップしていきます。

中級	Step1	アカデミック・ライティングにふさわしいスタイルで、まとまりがある文章を書くことに慣れる。
↓	Step2	言語表現を工夫し、まとまりやつながりが明確でわかりやすい文章を書く。
上級	Step3	論理構成を整え、内容を掘り下げて説得力のある文章を書く。

1-3　よりアカデミックな文章へ

よりアカデミックな文章にするためには、どのようにステップアップしていったらよいでしょうか。以下の〈課題〉に基づいて書かれたAさん、Bさん、Cさんの例について、Step 1、2、3の順に考えてみましょう。

〈課題〉

今、世界中で、インターネットが自由に使えるようになりました。ある人は「インターネットでニュースを見ることができるから、もう新聞や雑誌はいらない」と言います。一方、「これからも、新聞や雑誌は必要だ」という人もいます。

あなたはどのように思いますか。あなたの意見を500字程度で書いてください。

Step1　Aさんの文章

下線の表現を「ふつう体」にしてください。そのほかの改善点も考えましょう。

新聞は不要ですか

　今、インターネットがとても便利に使えるようになりました。私の友だちも、「ネットニュースを見るのは簡単ですから、もう新聞や雑誌は要りません」と言います。でも、私はあんまり賛成できません。

　私は、インターネットでニュースを見ることが好きじゃないです。本や雑誌を読むことが趣味で、毎日十時間ぐらい本を読んでいます。毎日、長時間インターネットを使ったら目が疲れちゃいます。

　それから、大人は新しい技術を使いたがりません。インターネットが使えない大人も多いそうです。インターネットを使うことができない人にとって、新聞や雑誌は絶対に必要でしょう。

　あと、子どもはコンピューターを使わないほうがいいです。最近、インターネットのせいで目が悪くなった子どもが何人いるでしょうか。これは子どもの将来にとって、大きな問題じゃないでしょうか。

　最後に、紙はすばらしいものです。インターネットの記事と違って、紙の新聞は折ってどこへでも持ち歩けます。それに、新聞紙を広げるだけで、すぐに記事を読むこともできます。

　だから、新しい技術が発達しても新聞の必要性を忘れないでくださいね。　　　　（471字）

改善例

アカデミック・ライティングでは、青字のように文末のスタイルを「ふつう体」にします。

新聞は不要ですか

今、インターネットがとても便利に使えるようになりました（なった）。私の友だちも、「ネットニュースを見るのは簡単ですから、もう新聞や雑誌は要りません」と言います（言う）。でも、私はあんまり賛成できません（できない）。

私は、インターネットでニュースを見ることが②好きじゃないです（ではない）。本や雑誌を読むことが趣味で、毎日十時間ぐらい本を読んでいます。毎日、長時間インターネットを使ったら目が疲れちゃいます（てしまう）。③

それから、大人は新しい技術を使いたがりません（たがらない）。インターネットが使えない大人も多い④そうです。インターネットを使うことができない人にとって、新聞や雑誌は絶対に必要でしょう（だ／③である）（だろう）。

あと、子どもはコンピューターを使わないほうがいいです（よい）。最近、インターネットのせいで目が悪くなった子どもが何人いるでしょうか（だろうか）。これは子どもの将来にとって、大きな問題じゃないでしょうか（ではないだろうか）。

最後に、②紙はすばらしいものです（だ／である）。インターネットの記事と違って、紙の新聞は折ってどこへでも持ち歩けます（歩ける）。それに、新聞紙を広げるだけで、すぐに記事を読むこともできます（できる）。

だから、新しい技術が発達しても新聞の必要性を忘れないでくださいね（ほしい）。

さらに改善するために

① 文末を「ふつう体」に統一するだけでなく、文中の表現（□の表現）も「かたい表現」にする必要があります。（☞第2課から第6課 Step 1）

② 学術的な文章にするためには、内容にも注意する必要があります。例えば、新聞の必要性を主張するための根拠として、「好きではない」「紙はすばらしい」という個人的な感情を述べるのは適切ではありません。（☞第3課 Step 2）

③ 「大人は新しい技術を使いたがらない」「子どもはコンピューターを使わないほうがよい」という根拠も説明が不十分で主観的な印象を与えます。（☞第3課 Step 2、3）

④ 頭の中の知識や情報に基づいて書く場合は、「そうだ」という伝聞形式でも問題ありませんが、自分で文献などを調べてレポートとしてまとめる場合は、だれがどこで何と書いていたかを正確に引用しなければなりません。（☞第5課）

Step2 B さんの文章

言語表現を改善してください。そのほかの改善点も考えましょう。

新聞の必要性

現代は、インターネットでさまざまなことができる時代になった。最新の情報がすぐに検索できるため、ネットニュースを利用している人も多い。そこで、新聞はもう不要だという意見もある。しかし、私はあの意見に反対である。その理由として、以下の3点である。

まず、インターネットはパソコンに慣れていない人には不便だと思っている。新聞はだれでも持ち運ぶことができ、自由にパラパラ読むことも出来る。実は、電車の中や公園で新聞を読んでいる人がよく見える。あのような人たちにとって、現代でも紙のメディアは重要な情報源だと思っている。

次に、パソコンを利用してネットニュースを見るときは、姿勢を変換しにくいため、健康上の問題もある。

さらに、インターネットの情報はだれでも書き込めるので、誤った情報もあるが新聞は、記者は責任をもって書いているため、情報の信頼性が高いと言っている。

こうして、インターネットが発達しても、新聞や雑誌は要らないわけにはいかないと思っている。

(419字)

改善のヒント

書き手の主張は伝わりますが、日本語表現を改善すれば、より読みやすくなります。以下の点に注目して、確認しましょう。

☐ 接続表現は適切ですか。

☐ 指示表現（これ・それ・あれ など）は適切ですか。

☐ 文末表現は適切ですか。

☐ 助詞や類義表現の使い方は適切ですか。

☐ ねじれている文（文の最初と最後が合わない文）はないですか。

☐ 形式面（全体の文字数、表記の統一、句読点の打ち方）に問題はないですか。

改善例

下線は改善するべき表現（○は助詞）、波線は形式面の改善点です。

新聞の必要性

　現代は、インターネットでさまざまなことができる時代になった。最新の情報がすぐに検索できるため、ネットニュースを利用している人も多い。<u>そこで</u>（そのため）、新聞はもう不要だという意見もある。しかし、私は<u>あ</u>（こ）の意見に反対である。その理由として、以下の３点である<u>（が挙げられる）</u>。

　まず、インターネットはパソコンに慣れていない人には<u>不便だと思っている</u>（不便である（不便だと思う））。新聞はだれでも持ち運ぶことができ、自由にパラパラ_②読むことも<u>出来る</u>（できる）。実は（実際に）、電車の中や公園で新聞を読んでいる人<u>が</u>（を）よく<u>見える</u>（見かける）。<u>あ</u>（そ）のような人たちにとって、現代でも紙のメディアは重要な情報源だと<u>思っている</u>①（言える（思う））。

　次に③、パソコンを利用してネットニュースを見るときは、姿勢を<u>変換し</u>（変え）にくいため、健康上の問題もある。

　さらに④、インターネットの情報はだれでも書き込めるので、誤った情報もあるが∧新聞は記者<u>は</u>（が）責任をもって書いているため、情報の信頼性が高いと<u>言っている</u>（言える）。

　<u>こうして</u>（このような理由で／以上のことから／したがって）、インターネットが発達しても、新聞や雑誌は<u>要らないわけにはいかない</u>（必要だ）と<u>思っ①ている</u>（考える（思う））。

さらに改善するために

① 「思う」は主観的な表現なので、使い過ぎないほうがよいです。断定できるときは「不便である」のように「である」を使いましょう。（☞第３課 Step 2）

② 「パラパラ読む」のかわりに「目を通す」と書くなど、オノマトペを使わずに同じ意味になるように工夫しましょう。（☞第６課 Step 1）

③ 500字程度という指定がある課題で420字程度しか書かないと、十分に議論されていない印象を与えます。例えば、「次に」で始まる第３段落は短すぎるので、パソコンの健康上の問題について説明を加え、指定の文字数の９割程度は書けるようにしましょう。

④ インターネットのデメリットと新聞のメリットだけを書くのではなく、インターネットのメリット（「反論」）も示したうえで、反論に反論（反駁）すれば主張を強化できます。（☞第３課・第５課 Step 3）

例）さらに、新聞はインターネットに比べ、情報の信頼性が高い。インターネットは個人で自由に情報を発信できるという利点があるが、誤った情報が含まれる危険性も高い。一方、新聞は専門の記者が取材したうえで責任をもって書き、会社の校閲も受けて記事にしているため、情報の信頼性が保証されていると言える。

Step3 Cさんの文章

内容や構成に着目して、改善する方法を提案してください。

インターネット時代

インターネットの普及にともない、ニュースもインターネットで見るという人が増加している。確かに、インターネットさえあれば知りたい情報を容易に入手することができ、非常に便利である。それに、日本だけでなく、世界中のニュースに瞬時にアクセスすることも可能である。一方で、新聞や雑誌は、発行されるときにはすでに情報が古くなっている。

現在はほとんどの家庭にコンピューターがあり、インターネットで自由に情報を集めることができるため、非常に便利な時代だと言える。しかし、災害によって電気が使えない状況になった場合はコンピューターも利用できなくなるため、インターネットに依存しすぎるのは危険なのではないだろうか。

私は毎朝、朝食をとりながら新聞を読んでいる。長時間、コンピューターで作業をした日は、体調も悪くなる。インターネット中毒になって健康を害するより、新聞や雑誌を読んでゆっくり過ごすほうが人間として幸せだと言える。

これらの理由から、インターネットは小型の携帯端末からもアクセスできるようになって利便性が高くなったが、今後も新聞や雑誌は必要だと考える。

(469字)

改善のヒント

スタイル（文体）や日本語表現の問題はありませんが、内容・構成を改善すると、より主張が明確に伝わりやすくなります。以下の点に注目して、確認しましょう。

□ タイトルは全体をよく表していますか。
□ どこで主張を明示していますか。
□ どこで主張を支える根拠を明示していますか。
□ 根拠の内容と分量は適切ですか。
□ 内容が整理されていない段落はないですか。

① インターネット時代

インターネットの普及にともない、ニュースもインターネットで見るという人が増加している。確かに、インターネットさえあれば知りたい情報を容易に入手することができ、非常に便利である。それに、日本だけでなく、世界中のニュースに瞬時にアクセスすることも可能である。一方で、新聞や雑誌は、発行されるときにはすでに情報が古くなっている。

現在はほとんどの家庭にコンピューターがあり、インターネットで自由に情報を集めることができるため、非常に便利な時代だと言える。② しかし、災害によって電気が使えない状況になった場合はコンピューターも利用できなくなるため、インターネットに依存しすぎるのは危険なのではないだろうか。

③ 私は毎朝、朝食を食べながら新聞を読んでいる。長時間、コンピューターで作業をした日は、体調も悪くなる。インターネット中毒になって健康を害するより、新聞や雑誌を読んでゆっくり過ごすほうが人間として幸せだと言える。

これらの理由から、④ インターネットは小型の携帯端末からもアクセスできるようになって利便性が高くなったが、① 今後も新聞や雑誌は必要だと考える。

① 主張(「今後も新聞や雑誌は必要だと考える」)とタイトル(「インターネット時代」)が合っていません。また、最後まで読まないと主張が伝わらないので、最初の段落の内容を整理し、主張を明示したほうがよいです。

② 「しかし」の文でようやく主張を支える根拠を示していますが、ここまですべてインターネットのメリットと新聞のデメリットが書かれているので、読み手は「インターネットがあれば新聞は不要」という主張だろうと思ってしまいます。

③ この段落に主張の根拠が書かれていますが、個人的(「私は〜読んでいる。」)かつ主観的(「人間として幸せだと言える。」)という印象を与えます。より一般的、客観的な根拠を考えましょう。

④ 結論の段落で、新しい情報を入れないほうがよいです。新しい情報がインターネットのメリットに関する情報なので、主張を弱くしてしまいます。

(☞第2課から第6課のStep 3、第7課)

18

オンラインツールの利用

■ことばの使い方を調べたいとき

NINJAL-LWP for BCCWJ (NLB)　　https://nlb.ninjal.ac.jp

あることばがどんなことばと一緒に使われやすいかを調べることができます。例えば「増加する」と「上昇する」、「問題」と「課題」など、2つのことばの使い方を比べることができます。「〜が増加／上昇する」で調べてみると、「量／数／〜者が増加する」、「〜率／価格／気温が上昇する」がよく使われていることがわかります。

機能語用例文データベース「はごろも」　　https://www.hagoromo-text.work

「に関して」「にとって」「に対して」「として」などの機能語の使い方を調べたいときに、辞書のように使うことができます。用例も豊富です。

■書いた文章を機械で評価したいとき

jWriter (学習者作文評価システム)　　https://jreadability.net/jwriter/

テキストボックスに文章を入れて、実行をクリックすると、レベル（入門、初級、中級、上級、超級）が判定できます。

GoodWriting Rater (日本語ライティングのオンライン自動評価システム)

https://goodwriting.jp/wp/

自動評価の結果が4段階（1-2点、3点、4点、5-6点）で判定されます。テキスト情報（総文字数、総文数、総段落数、漢字率、ひらがな率、カタカナ率、文あたりの平均文字数、全体に対する第1段落の割合、全体に対する最終段落の割合）と接続表現を使った場所も表示されます。

13ページのAさんの文章、15ページのBさんの文章、17ページのCさんの文章は、jWriterとGoodWriting Raterでそれぞれ次のように判定されました。

・jWriter：AさんとBさんの文章は中級、Cさんの文章は上級でした。Aさんの文章では「和語が多く、漢語が少ないです。漢語を使った表現を考えてみましょう。」「短い文が多いです。複文を使ってみましょう。」「接続表現が標準より少ないです。もう少し接続表現を入れて書いてみましょう。」というコメントが表示されました。

・GoodWriting Rater：AさんとBさんの文章は3点、Cさんの文章は4点でした。

ワンポイント❗ 自己紹介
じこしょうかい

みなさんは自己紹介をするとき、どのようなことを話したり書いたりしますか。初めての授業、メール、パーティー、就職活動などでは、印象に残るように伝えることが大切です。以下は初めての授業で書いた自己紹介の例です。先生やクラスメートに自分のことを覚えてもらうためには、どう改善したらいいでしょうか。

> ①私は王です。②中国から来ました。③専門は日本語です。④趣味はゲームとアニメを見ることです。どうぞよろしくお願いします。

① 名前：同じ名字の人がいるかもしれません。フルネームで書きましょう。ニックネームがある場合には、「～と呼んでください。」のように紹介するとよいでしょう。
② 出身地：国だけでなくどこの都市や地域かを伝え、何が有名かを紹介してみましょう。
③ 学校名・専門：具体的に説明しましょう。専門がまだ決まっていない場合には、特に何を勉強してみたいか、どのような研究分野に関心があるかについて書きましょう。
④ 趣味：好きな本や映画のタイトル、好きな音楽のジャンルや歌手や曲名、スポーツならば「ジョギングを毎日している」などと具体的に書くと覚えてもらいやすいです。共通点が見つかって気の合う友だちも見つかるかもしれません。

改善例（ていねい体　201字）

> 王浩と申します。出身は中国のハルビンです。ハルビンは中国の東北で、冬はとても寒く、氷祭りが有名です。日本に来る前にハルビン師範大学を卒業しました。専門は日本語のオノマトペです。雨が「しとしと降る」と「ザーザー降る」の違いなどを研究しています。趣味はゲームで、パソコンですることが多いです。ゲームのほかに、プログラミングをすることも得意です。一番好きなアニメは、「ワンピース」です。どうぞよろしくお願いします。

【その他のポイント】
◆字数・書式の指示があるときには、それに合わせましょう。自己紹介の場合は特に「かたい表現」ではなくても大丈夫です。また、「ふつう体」で書く場合、名前は「王である／王と申す」となり、偉そうで時代劇のセリフのようになってしまうため、自己紹介には不適切です。名前は氏名記入欄に書いて、本文では書かないほうがよいでしょう。
◆就職活動での自己紹介には、一般的な「自己紹介」のほかに「自己PR」といわれる自分の能力をアピールする別の種類のものがあります。自己PRでは、自分の長所や能力を具体的な経験例に基づいてアピールする必要があります。専門の書籍やウェブサイトで調べてみましょう。

第2課

だい か

日本・日本人

自分の体験に基づいて意見を述べる

たい けん　もと　　　　　　　　の

人の考え方や文化・習慣は、共通しているところも国によって異なるところもあって興味
ぶん か　しゅうかん　きょうつう　　　　　　　　　こと　　　　　　　　　　きょう み
深いですね。みなさんが出会った日本人、体験した日本はどうでしたか。
ぶか

📖 **この課で学習すること**

	トピック	学習項目 こうもく
★ Step1	文化・習慣の違い ちが	言語表現を整える① ひょうげん　ととの **文末・文中のスタイル** ぶんまつ
★★ Step2	日本らしさの発見	言語表現を整える② **指示表現・接続表現** し じ　　せつぞく
★★★ Step3	日本論・日本人論 ろん	内容・構成を磨く ないよう　こうせい　みが **序論・本論・結論／中心文・支持文** じょろん　ほんろん　けつろん　　　　　　　　し じ ぶん

文化・習慣の違い
ぶん か　しゅう かん　　ちが

書く前に

① 日本・日本人について、どのようなイメージがありますか。

日本：

日本人：

② 日本・日本人と自国の文化を比較したとき、どのような違いに気づきましたか。
ひ かく

③ その違いについてどう思いましたか。

「お冷や」と「おしぼり」
ひ

次の文章は、「文化・習慣の違い」というテーマで書かれたものです。下線の表現をアカデミック・スタイルにしてください。

外食の方法

アンナ・ミュラー

　私が日本について驚いたのは、外食のときの方法 1) です。日本のレストランや居酒屋などでは、最初にお店の人が冷たい水と手をふくためのおしぼりをわたして 2) くれます。そして、それぞれが好きなメニューを注文 3) しますが、人数が多いときは料理を全員で分けて 4) 食べます。最後に、合計した料金を人数で 5) 割って、全員同じ料金を払うことが 6) 多いです。

　これは私の国にはない方法で、とても 7) 驚きました。まず、私の国では、水は有料で注文し 8) なきゃなりません。口をふくための大きいナプキンをひざの上に 9) 置きますが、手をふくためのぬれたおしぼりは 10) ありません。料理は 11) 分けないで、自分が頼んだものを 12) 食べて、料金も自分の分だけ 13) 払います。そして、チップを払う必要が 14) あります。

　日本のお店は、私の国と比べてサービスが非常に 15) いいです。最初に冷たい水とおしぼりがもらえると、大変リラックス 16) できて、料理を皆で分ければ、一回の食事でさまざまな味を楽しむことが 17) できます。料金を人数で割って払う方法は「割り勘」と 18) いいます。少ししか食べなかった人は不満かも 19) しれませんが、割り勘もチップがないことも計算 20) しやすくて、大変 21) わかりやすいです。このような日本の方法が私の国にもあれば、便利 22) でしょう。

（505 字）

外食の方法

アンナ・ミュラー

　私が日本について驚いたのは、外食のときの方法 ¹⁾ です。日本のレストランや居酒屋など
　　　　　　　　　　　　　　　　　　　　　　　である
では、最初にお店の人が冷たい水と手をふくためのおしぼりをわたして ²⁾ くれます。そして、
　　　　　　　　　　　　　　　　　　　　　　　　　　　　　　　　　　　　くれる
それぞれが好きなメニューを注文 ³⁾ しますが、人数が多いときは料理を全員で分けて ⁴⁾ 食べ
　　　　　　　　　　　　　　　　する　　　　　　　　　　　　　　　　　　　　　　　食べる
ます。最後に、合計した料金を人数で ⁵⁾ 割って、全員同じ料金を払うことが ⁶⁾ 多いです。
　　　　　　　　　　　　　　　　　　割り　　　　　　　　　　　　　　　　　　多い
　これは私の国にはない方法で、とても ⁷⁾ 驚きました。まず、私の国では、水は有料で注文
　　　　　　　　　　　　　　　　　　驚いた
し ⁸⁾ なきゃなりません。口をふくための大きいナプキンをひざの上に ⁹⁾ 置きますが、手をふ
　なければならない　　　　　　　　　　　　　　　　　　　　　　　　置く
くためのぬれたおしぼりは ¹⁰⁾ ありません。料理は ¹¹⁾ 分けないで、自分が頼んだものを
　　　　　　　　　　　　　　ない　　　　　　　　　　分けずに
¹²⁾ 食べて、料金も自分の分だけ ¹³⁾ 払います。そして、チップを払う必要が ¹⁴⁾ あります。
　食べ　　　　　　　　　　　払う　　　　　　　　　　　　　　　　　　　ある
　日本のお店は、私の国と比べてサービスが非常に ¹⁵⁾ いいです。最初に冷たい水とおしぼり
　　　　　　　　　　　　　　　　　　　　　　良い／よい
がもらえると、大変リラックス ¹⁶⁾ できて、料理を皆で分ければ、一回の食事でさまざまな味
　　　　　　　　　　　　　　でき
を楽しむことが ¹⁷⁾ できます。料金を人数で割って払う方法は「割り勘」と ¹⁸⁾ いいます。少
　　　　　　　　できる　　　　　　　　　　　　　　　　　　　　　　　いう
ししか食べなかった人は不満かも ¹⁹⁾ しれませんが、割り勘もチップがないことも計算
　　　　　　　　　　　　　　　しれない
²⁰⁾ しやすくて、大変 ²¹⁾ わかりやすいです。このような日本の方法が私の国にもあれば、便利
　しやすく　　　　　わかりやすい
²²⁾ でしょう。
　であろう

ここに注目

ここでは、「文末・文中」のアカデミック・スタイルを学習します。

◆用語の整理

「スタイル（文体）」の名前や分け方は、教科書や研究によってさまざまですが、「話しこと
ば」と「書きことば」という分け方がよく見られます。「話しことば」も「書きことば」も、相
手・文章の種類・目的・場面によって、「です・ます体」「ていねい体」か、「だ・である体」
「ふつう体」になります。

例えば、「書きことば」の場合、目上の人（先生・上司・年上など）へのメール・手紙は「で
す・ます体」「ていねい体」で、友人・家族へのメール・手紙は「だ・である体」「ふつう体」
で書きます。また、小論文・レポートは、「だ・である体」「ふつう体」で書きます。

次の表で整理してみましょう。

表1　用語の整理

述語の文体	です・ます体	だ・である体
スタイル（文体）	ていねい体	ふつう体
form	polite form	plain form
書くときのことば（書きことば）	目上の人へのメール・手紙 随筆・絵本・教科書	友人や家族へのメール・手紙 (casual) 小論文・レポート・論文 (academic) 公的・事務的な書類 (official)
話すときのことば（話しことば）	目上の人・初対面の人との会話 発表・面接* (academic)	友人・家族・親しい人との会話

＊発表や面接で小論文やレポートの内容を話すときは、文末を「です・ます体」にします。

スタイルの分け方も、教科書や研究によって、２・３・５段階と異なります。図１のように
明確に段階を区切るのが難しい場合があるため、はっきり分けにくいことばもあります。
例えば、「とても」は、教科書によって分け方が異なり、どちらでもよいとされています。
本教材では、アカデミック・ライティングにふさわしいスタイル（「ふつう体」「かたい表
現」）か、そうでないかの２段階で分けることにして、どちらでもよいとされている表現は
「やわらかい表現」とします。

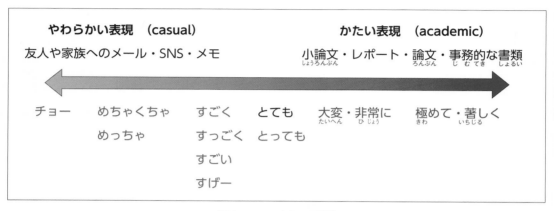

図1　スタイルの関係

◆アカデミック・スタイル

本教材では、このような小論文やレポートなどのアカデミック・ライティングにふさわし
い表現のスタイル（文体）を、アカデミック・スタイルと呼ぶことにします。アカデミッ
ク・スタイルでは、文末や文中の述語は「ふつう体」で書き、そのほかの表現は「かたい表
現」で書きます。

この課では文末と文中の「ふつう体」について学び、第３課からは品詞や表現別に「かたい
表現」を学びます。

| アカデミック・スタイル | 文末・文中の述語：ふつう体 |
| | その他の表現：かたい表現 |

スタイル（文体）	ていねい体	ふつう体
名詞 めいし Noun	〈学生〉です 　　　でした 　　　ではありません 　　　ではありませんでした 　　　でしょう	〈学生〉だ／である*1 　　　だった／であった*1 　　　ではない 　　　ではなかった 　　　だろう／であろう*1
な形容詞 けいようし な Adjective	〈安全〉です あんぜん 　　　でした 　　　ではありません 　　　ではありませんでした 　　　でしょう	〈安全〉だ／である*1 　　　だった／であった*1 　　　ではない 　　　ではなかった 　　　だろう／であろう*1
い形容詞 い Adjective	〈大き〉いです 　　　かったです 　　　くありません 　　　くありませんでした 　　　いでしょう	〈大き〉い 　　　かった 　　　くない 　　　くなかった 　　　いだろう／であろう*1
動詞 どうし Verb	Ⅰ〈読み〉ます／ました 　　　ません／ませんでした 　　　ましょう	Ⅰ〈読〉む／んだ*2 　　　まない／まなかった 　　　もう
	Ⅱ〈調べ〉ます／ました しら 　　　ません／ませんでした 　　　ましょう	Ⅱ〈調べ〉る／た 　　　ない／なかった 　　　よう
	Ⅲ〈し・来〉ます／ました 　　　ません／ませんでした 　　　ましょう	Ⅲする／した　来る／来た 〈し・来〉ない／なかった 　　　よう

*1 アカデミック・スタイルでは、「だ」「だった」「だろう」「いだろう」よりも「である」「であった」「であろう」のほうがよく使われます。

*2 Ⅰグループは動詞によって、以下のようになります。

「〈書〉く／いた」　　　　　「〈走〉る／った」　　　　　「〈呼〉ぶ／んだ」
　　　　　　　　　　　　　　はし
「〈書〉かない／かなかった」「〈走〉らない／らなかった」「〈呼〉ばない／ばなかった」
「〈書〉こう」　　　　　　　「〈走〉ろう」　　　　　　　「〈呼〉ぼう」

注意 「ていねい体」と「ふつう体」を混ぜないで、「ふつう体」に統一して書きましょう。
　　　　　　　ま　　　　　　　　　　　　　　　　　　　　　　　　とういつ

注意 「いいです」の「ふつう体」は「いい」ですが、アカデミック・スタイルでは、「良い」
　　　　　　　　　　　　　　　　　　　　　　　　　　　　　　　　　　　　　よ
　　　　または「よい」のほうがよく使われます。

❷ 文中

1) 文末だけでなく、**文中**も「ふつう体」にしましょう。

〈ていねい体〉が、	〈ふつう体〉が、
調査しましたが、	調査したが、

2) 「**て形**」はできるだけ「**連用中止形**」にしましょう。

て形	連用中止形
データを**集めて**	データを**集め**
高く**て**	高く
学生**で**	学生**であり**
調査し**ていて**	調査し**ており**
調べ**ないで**	調べ**ずに**
わから**なくて**	わから**ず**

〈連用中止形〉の作り方

動詞：〈ます形〉**読み**ます → **読み**　**集め**ます → **集め**　調査します → 調査し

　　　〈ない形〉〜**ないで** → 〜**ずに**　持た**ないで** → 持た**ずに**　期待し**ないで** → 期待**せずに**＊

　　　　　　　〜**なくて** → 〜**ず**　わから**なくて** → わから**ず**　一致し**なくて** → 一致**せず**＊

　　　　　＊「〜する」の形の動詞の場合、「〜**せず（に）**」となります。

い形容詞：〈て形〉高く~~て~~ → 高く　　高くなく~~て~~ → 高くなく

注意　連用中止形の後は「、」（読点）を書くようにしましょう。

❸ 縮約形

次の表の左側は**縮約形**といい、話すときによく使う表現です。アカデミック・スタイルではありませんから、使わないようにしましょう。

やわらかい表現　（casual）	かたい表現　（academic）
〜**じゃ**	〜**では**
〜**てる**	〜**ている**
〜**とく**	〜**ておく**
〜**なきゃ**ならない	〜**なければ**ならない
〜なく**ちゃ**いけない	〜なく**ては**いけない
〜**んだ**	〜**のだ**〔である〕

表現練習

1. 下線の表現をアカデミック・スタイルにしてください。

① このテーマを選んだのは、新聞を読んで大きな疑問が浮かんだ<u>からです</u>。
　　　　　　　　　　　　　　　　　　　　　 き もん う

② この仕事は学歴と関係が<u>ありません</u>。
　　　　　　 がくれき かんけい

③ 日本の輸出にとって有利なのは、円高<u>じゃなく</u>、円安のほうである。
　　　　 ゆ しゅつ　　　　 ゆう り

④ 日本全国の方言を調査<u>しましたが</u>、沖縄は「琉球語」であるため対象と<u>しませんでした</u>。
　　　 ぜんこく ほうげん　　　　　　　　　 おきなわ りゅうきゅう ご　　　　　 たいしょう

⑤ レポートは、資料やデータを<u>集めて</u>、適切に引用して書くことが<u>必要です</u>。
　　　　　　 し りょう　　　　　　　 てきせつ いんよう　　　　　　 ひつよう

⑥ この地方は、気温が<u>高くて</u>、台風も<u>多いです</u>。
　　　 ち ほう き おん

⑦ 彼は戦後を代表する作家<u>で</u>、受賞した作品が数多く<u>あります</u>。
　 かれ せん ご だいひょう　　　　 じゅしょう　　　　 かず

⑧ 現在、全国で調査<u>していて</u>、集計した後、都道府県ごとに分析<u>します</u>。
　 げんざい　　　　　　　　　　　　　　 と どう ふ けん　　　 ぶんせき

⑨ 先行研究をよく<u>調べないで</u>書いた。
　　　　　　　　 しら

⑩ 質問の意味が<u>わからなくて</u>間違えた。
　 しつもん　　　　　　　　　　　 ま ちが

2. アカデミック・ライティングにふさわしくない表現を見つけて線を引き、例のように
　　　　　　　　　　　　　　　　　　　　　　　　　　 せん ひ れい
直してください。
なお

例：先行研究を調べて、論文を書いた。
　　　　　　 調べ　　 ろんぶん

① 何度も実験をしましたが、よい結果が出なかった。
　　　　 じっけん　　　　　　　　 けっ か

② 毎日、新聞の社説を読んでる。
　　　　　　 しゃせつ

③ 10年分のデータを集めなきゃならない。

④ 著者の名前がわかりませんでした。
　 ちょしゃ

⑤ その結果、ほとんどの市民は反対したんだ。
　　　 けっ か　　　　　　　 し みん はんたい

 書いてみよう

日本・日本人について自分の国と異なると思ったことを書きましょう。
　　　　　　　　　　　　　　　　 こと

アウトラインの例　　　　　　　　　　　　　　　　　　　　　字数：500 字程度
　　　　　　　　　　　　　　　　　　　　　　　　　　　 じ すう　　　 てい ど

はじめ	説　明	どのような違いに気づきましたか。（具体的に）
なか	理　由	それはなぜですか。（自分の国との比較）
おわり	まとめ	自分の国と比較して、どのように考えますか。

書くときの ポイント

文末と文中のスタイルに気をつけて書きましょう。

日本らしさの発見

書く前に

みなさんの国と比べたとき、どのような点が「日本らしい」と考えますか。

下の写真も参考にして考えましょう。

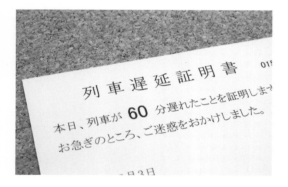

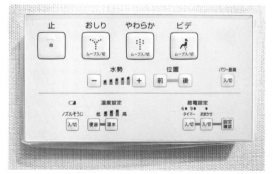

考えよう

次の文章は「日本らしさの発見」というテーマで書かれたものです。 □□□ に適切な接続表現を入れ、下線の表現を改善してください。

カフェでの昼寝

トーマス・オブライエン

　先日、カフェで昼食をとっているとき、隣のテーブルで寝ている会社員を二人見かけた。[1) あの写真はその時に撮ったものである。昼であったが、きっと我慢できず、カフェでも寝られるほど眠かったのだろう。日本では外で寝ている人を見ることが多い。 □ a □ 、私の国アイルランドでは、外の公共の場で寝ることはとても珍しく、カフェなどのテーブルで寝るのはマナーに反する。 □ b □ 、安全性の問題もあるため、眠くても寝ることができない。

　日本では電車やバスなどでもよく寝ている人がいるが、アイルランドだけではなくほかの国でも 2) あのような光景はあまり見られないという。 □ c □ 、日本で外で寝ている人が多い理由を考えてみたところ、以下の三点の理由があることがわかった。

　 □ d □ 、働きすぎの日本人が多いことが挙げられる。日本の会社員は毎日遅くまで会社で働いているうえ、仕事の後も同僚や上司とよく飲みに行き、いつも緊張して疲れているのであろう。 □ e □ 、家から会社までが遠く、毎朝早く起きて、長時間電車で通勤する人が多いことである。 □ f □ 、日本は治安がよく、寝ていても盗まれることがほとんどないことである。

　大学の授業中にもよく寝ている学生がおり、初めて見たときには大変驚いたが、現在は 3) あのような場面を見かけても驚かなくなった。 □ g □ 、これはやはり大変日本的な現象であり、ほかの国ではマナーと安全の面から決して寝てはいけない、ということを日本の人々は知っておいたほうがよいのではないだろうか。

カフェでの昼寝

トーマス・オブライエン

先日、カフェで昼食をとっているとき、隣のテーブルで寝ている会社員を二人見かけた。

1) <u>あの写真はその時に撮ったものである。昼であったが、きっと我慢できず、カフェでも寝</u>
   <u>この</u>

られるほど眠かったのだろう。日本では外で寝ている人を見ることが多い。^a[　一方　]、私の

国アイルランドでは、外の公共の場で寝ることはとても珍しく、カフェなどのテーブルで寝

るのはマナーに反する。^b[　また　]、安全性の問題もあるため、眠くても寝ることができない。

日本では電車やバスなどでもよく寝ている人がいるが、アイルランドだけではなくほかの

国でも 2) <u>あのような光景はあまり見られないという。</u>^c[　そこで　]、日本で外で寝ている人が
   <u>そのような／このような</u>

多い理由を考えてみたところ、以下の三点の理由があることがわかった。

^d[　まず／はじめに／第一に　]、働きすぎの日本人が多いことが挙げられる。日本の会社員は

毎日遅くまで会社で働いているうえ、仕事の後も同僚や上司とよく飲みに行き、いつも緊張

して疲れているのであろう。^e[　また／次に／第二に　]、家から会社までが遠く、毎朝早く起き

て、長時間電車で通勤する人が多いことである。^f[　さらに／最後に／第三に　]、日本は治安が

よく、寝ていても盗まれることがほとんどないことである。

大学の授業中にもよく寝ている学生がおり、初めて見たときには大変驚いたが、現在は

3) <u>あのような場面を見かけても驚かなくなった。</u>^g[　しかし／だが　]、これはやはり大変日本的
   <u>そのような</u>

な現象であり、ほかの国ではマナーと安全の面から決して寝てはいけない、ということを日

本の人々は知っておいたほうがよいのではないだろうか。

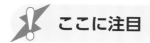 ここに注目

❶ 指示表現

アカデミック・ライティングの文の中では、「あれ／あの／あそこ／あのような」の「ア」系の指示表現は使いません。「これ／この／ここ／このような／こうした」の「コ」系、「それ／その／そこ／そのような／そうした」の「ソ」系の指示表現を用います。前の文章に出てきたものを指すときには、「ソ」系でも「コ」系でもどちらでもよい場合が多いです。どちらかしか使えない場合の使い分けは以下の通りです。

1）「ソ」系の指示表現　「それ／その／そこ／そのような／そうした」

・従属節（〜たら／ば／場合／際／ため）の中のことについて指すとき

　　例）レポートを書く場合、その書式は指定した通りに書くこと。（＝レポートの書式）

・前に出てきた語句を繰り返さないようにするとき

　　例）このクーポンは、会員とその同伴者１名だけが使える。（＝会員と会員の同伴者）

・疑問・問題に対して答えを説明するとき

　　例）温暖化はなぜ進んでいるのだろうか。それは、二酸化炭素の排出が増加し続けているからである。

2）「コ」系の指示表現　「これ／この／ここ／このような／こうした」

・「今・自分」に関係があるとき

　　例）このレポートは、留学中の研究をまとめたものである。

・前に書かれた内容をまとめるとき

　　例）このように、日本では消費税が数年ごとに上がり、現在は10％になったのである。

・表・グラフ・写真・スライドを示すとき

　　例）この表から、日本の人口の推移と現在の少子高齢化の状況がわかる。

・タイトルやことばなどの引用を示すとき

　　例）「"Stay hungry. Stay foolish."（ハングリーであれ。愚か者であれ。）」。これはスティーブ・ジョブズが2005年にスタンフォード大学の卒業式で行ったスピーチのことばである。

❷ 接続表現

以下はアカデミック・ライティングでよく用いられる接続表現です。文脈に合うように正しく使いましょう。

1）「順接」の接続表現

前の文から予想した通りの内容が次の文に来るときに用います。

- 「そのため」

    例）今年は梅雨が長く続き、日照時間が少なかった。そのため、野菜の価格が高騰した。

- 「したがって」

    例）投票の結果、賛成75票、反対25票で賛成多数であった。したがって、規則が改正されることとなった。

- 「そこで」

    例）通信速度が遅くなり、動画が止まるようになった。そこで、契約プランを見直してデータ量を増やすことにした。

2）「逆接」「対比」の接続表現

前の文から予想したこととは異なる内容が次の文に来るときに用います。

- 「しかし」

    例）今回、ヨーグルトの値上げはなかった。しかし、量が減って実質の値上げとなった。

- 「だが」

    例）近年、ペットブームと言われている。だが、動物の高齢化と医療費負担が問題となっている。

- 「一方」

    例）日本では同性のパートナーシップ制度を始める自治体が年々増えている。一方、夫婦別姓は認められていない。

3）「並列」の接続表現

順番に説明するときに用います。以下のようにそろえましょう。

- 「まず」「また」「さらに」　・「はじめに」「次に」「最後に」　・「第一に」「第二に」「第三に」

4）「換言（言いかえ）」の接続表現

前の内容と同じ内容を別の表現で言い換えるときに用います。

- 「つまり」　＿＿＿＿＿＿＿A＿＿＿＿＿＿＿。つまり、＿＿＿B＿＿＿。

    「つまり」に続く文（B）は、短くまとめ、長く書かないようにしましょう。

- 「すなわち」　＿＿＿＿＿A＿＿＿＿。すなわち、＿＿＿＿B＿＿＿＿。

    「すなわち」に続く文（B）は、前の文（A）についてくわしく説明します。

 **表現練習**

次の文の（　　　）のうち、適切なものを選んでください。

① 図1は、アンケートの結果を集計したものである。（ この ・ その ・ あの ）グラフから、携帯電話の所有が低年齢化していることがわかる。

② 調査の対象は、奨学金を申請した学生と（ この ・ その ・ あの ）家族である。

③ 実験に危険な薬を用いる場合、大学に（ これ ・ それ ・ あれ ）を申告しなければならない。

④ なぜコンビニエンスストアが多いのだろうか。（ これ ・ それ ・ あれ ）は、現代のライフスタイルと関係があるだろう。

⑤ 『学歴無用論』。（ これ ・ それ ・ あれ ）はSONYを創業した盛田昭夫の初めての著書である。

⑥ 子どもがゲームをする時間が多くなっている。（ そのため ・ しかし ）、年々、子どもの視力が下がっている。

⑦ インターネットによる通信販売が盛んになっている。（ そのため ・ そこで ）、実店舗での買い物客が減少している。

⑧ 調査のサンプルが想定より集まらなかった。（ つまり ・ そこで ）、第2回目の調査を行うことにした。

⑨ インスタント食品は手軽に作れて便利である。（ したがって ・ しかし ）、栄養のバランスはよくない。

⑩ 「団塊の世代」とは、第一次ベビーブームの時期に生まれた人々のことである。（ つまり ・ さらに ）、1947年から1949年の間に生まれた人々をさす。

📄 **書いてみよう**

日本で撮った写真や、日本の映画（ドラマ・アニメ）・本（小説・エッセイ・まんが）・インターネットの写真やニュースなどから、「日本らしい」と感じるものを見つけ、なぜそれが「日本らしい」のか考えてください。

アウトラインの例

字数：800字程度

はじめ	説　明	写真・映画・本・ニュースの紹介。（いつ・どこで・タイトルなど）
なか	理　由	どのような点が、「日本らしい」と感じたのか。（自分の国との比較）
おわり	まとめ	自分の考えを書く。

書くときの ポイント
指示表現と接続表現に気をつけて書きましょう。

書く前に

次の文章は、「『かわいい』は日本独自の美学なのか」というタイトルで書かれたものです。全体の構成から見た段落同士の役割を考え、各段落内の中心文と支持文に注目しながら読んでください。

　明治以後、急速に西洋的近代化を成し遂げてきた日本にとってもっとも重要なことは、西洋列強の眼にみずからがどのように映るかという問題であった。未開の蛮族と思われないために[1]鹿鳴館が設けられ、西洋音楽が軍隊と教育制度に組み込まれた。同時に日本の文化的独自性を証明するために、前近代から存続している文化のいくつかに焦点が投じられ、それが日本を体現する真性の高級文化として、海外に[2]喧伝されることになった。この文化ナショナリズムの傾向は、第二次大戦で日本が敗北した後、それ以上に顕著となった。だがこうした伝統主義とは近代化以降に、どこまでも他者の眼差しを契機として、歴史的に形成されたものにほかならない。歌舞伎、浮世絵、陶磁器、着物といった具合に、江戸期の庶民にとって「伝統」とはとうてい自覚されなかった大衆文化が、内面化された[3]オリエンタリズムを媒介として、純粋にして高級な文化遺産へと、[4]イデオロギー的に作り変えられていったにすぎない。

　一方、近代化のなかではじめて成立した大衆文化には、こうした純粋化は要請されなかった。[5]新派、洋食、映画、漫画といったジャンルは、欧米文化との接触によって生じたものであり、日本を正統に表象する文化とは長い間見なされてこなかったばかりか、知識人によって言及されることも稀だった。それが幸いしてか、こうしたジャンルは欧米文化との積極的なハイブリッド化を軽々と行うことが許され、「伝統的」制約に捕らわれることなく、次々と新しいスタイルへと発展できることになった。なるほどそれらはひとたび欧米の文化的[6]ヘゲモニーに圧倒され、稚拙な模倣から出発したが、やがて徐々にその状態を脱して、独自の[7]モダニティを発揮するまでになった。たとえば1930年代のハリウッド映画は若き[8]小津安二郎を[9]フェティッシュに魅惑したが、彼はそこから出発して、ハリウッドとはまったく対照的な手法の監督として大成した。ディズニーは[10]手塚治虫に決定的な影響を与えたが、今

日の [11] ジャパニメーションの興隆は、彼を克服すべき象徴的父親とすることで達成された。

　ちなみに現在、「かわいい」文化として日本から世界に発信しているものの大半は、この近代以降の大衆文化を発展したものだ。

　こうした現象を、欧米を巧みに飼い馴らして利益を得るに長けた日本文化と見なすだけでは不充分であって、そこに現実に働いていた文化的 [12] 混淆性にこそ焦点を当てなければならない。同様の事態は、現在も東アジアでは日常的に生じている。今日の香港映画や韓国映画はハリウッドからさまざまな霊感を授かりながらも、まったく独自のスタイルをもったジャンルとして完成され、向かうところ敵なしといった動きを見せている。

　1980 年代までの日本を悩ませていたのは、「[13] ジャパン・アズ・ナンバーワン」と他者から [14] 綽名されるまでとなった経済力と、日本から発信できる文化力との間の不均衡であった。なるほど日本はトランジスタラジオからウォークマン、カラオケまで、テクノロジーを駆使したハード商品を世界に売ることには成功したが、そのウォークマンで聴くことのできる自前の音楽、つまりソフトな文化商品を海外に普及させるまでには至っていなかったのである。先に述べた高級文化としての日本は、ごく少数の芸術家や知識人が特権的に鑑賞するものではあっても、大衆的な受容にはほど遠かった。

　1990 年代に入って、情勢が変わった。香港が汎アジア的な規模の衛星放送を開始したことに象徴されるように、グローバルな巨大メディアが産業として出現する。冷戦体制の崩壊も手伝って、国境を越えて流入する労働者、移民、観光客は飛躍的に増大する。アジアのいたるところに近代都市が建設され、社会のなかで豊かな中産階級の層が増大する。国家の規制を超えて市場と資本が統合されてゆき、それに見合う新しい消費者層が台頭する。こうして国家の枠組みでは統制できないコミュニケーションが、情報、映像、文化商品の次元で拡大していく。東アジアでのこうした動向は、結果的にアメリカがこれまで携えていた文化的覇権を相対化する契機となった。最初にこの波に乗じて乗り出していったのは日本であったが、2000 年代に入ると韓国、台湾、香港、中国、シンガポールといった国々がそれに続き、それぞれの社会での大衆文化に [15] 攪拌と混淆をもたらすようになる。「かわいい」文化が大手を振って海を渡るようになったのには、こうしたグローバル化の状況が前提として横たわっている。[16] キティちゃんも、[17] 千尋も、[18] ピカチュウも、いうなれば [19] グローバライゼーションの子供たちなのである。

（1,869 字）

四方田犬彦『「かわいい」論』

注

1）鹿鳴館（ろくめいかん）：1883年（明治16年）、東京の日比谷にあった洋館。政府により国際的な社交場として使われた。

2）喧伝する（けんでん）：盛んに言う。社会・世界に広く知らせる。

3）オリエンタリズム：orientalism オリエント世界（西アジア）へのあこがれに根ざす、西欧近代における文学・芸術上の風潮（ふうちょう）。東洋趣味（しゅみ）。

4）イデオロギー：ideology 政治・道徳（どうとく）・宗教（しゅうきょう）・哲学（てつがく）・芸術などにおける、歴史的、社会的立場に制約された考え方。観念形態（けいたい）。

5）新派（しんぱ）：明治時代に始まった演劇の形式。

6）ヘゲモニー：hegemony 覇権（はけん）。支配すること。

7）モダニティ：modernity 近代性・現代性。

8）小津安二郎（おづやすじろう）：映画監督・脚本家（きゃくほん）。1903年（明治36年）－1963年（昭和38）。代表作「東京物語」。

9）フェティシュ：fetish 盲目的に（もうもく）。崇拝的に（すうはい）。「フェティッシュ」と表記されることが多い。

10）手塚治虫（てづかおさむ）：漫画家（まんが）・アニメ監督。1928年（昭和3年）－1989年（平成元年）。代表作『鉄腕アトム』『火の鳥』。

11）ジャパニメーション：日本製のアニメーション作品。「Japan」と「animation」の合成語。

12）混淆（こんこう）：さまざまな異なるものが混ざること。　成句「玉石混淆」（ぎょくせきこんこう）

13）ジャパン・アズ・ナンバーワン：社会学者エズラ・ヴォーゲル（1979）『ジャパン・アズ・ナンバーワン』による。

14）綽名する（あだな）：愛称（あいしょう）・ニックネームをつける。

15）攪拌（かくはん）：かきまわすこと。かきまぜること。

16）キティちゃん：サンリオのキャラクター「Hello Kitty（ハローキティ）」の親しみを込めた呼び方。

17）千尋（ちひろ）：スタジオジブリ制作の映画『千と千尋の神隠し』（せん・かみかく）の主人公。

18）ピカチュウ：『ポケットモンスター』のキャラクター。

19）グローバライゼーション：globalization グローバル化。「グローバリゼーション」と表記されることが多い。

■確認しよう

1．本文の内容と合っているものには○、合っていないものには×を書いてください。

a （　　　）歌舞伎（かぶき）、浮世絵（うきよえ）、陶磁器（とうじき）、着物は、江戸期（えどき）の庶民（しょみん）にとって高級な大衆文化（たいしゅう）であった。

b （　　　）新派（しんぱ）、洋食、映画、漫画といったジャンルは、欧米文化との接触によって生じたものである。

c （　　　）日本は世界で、ウォークマンやカラオケなどのハード商品も音楽などのソフトな文化商品も普及（ふきゅう）させた。

d （　　　）現在日本が「かわいい」文化として世界に発信しているものはほとんど、近代以降の大衆文化を発展（はってん）したものである。

2．筆者の主張は以下のうちどれですか。1つ選んでください。

a　「かわいい」文化は、日本独自の日本の中だけにある文化である。

b　「かわいい」文化は、手塚治虫の漫画・アニメがジャパニメーションとして世界に発信
　　されて達成された。

c　「かわいい」文化は、西洋や東アジアの国から日本がどのように映るかという問題の答え
　　である。

d　「かわいい」文化は、グローバル化があったことで生まれた美学である。

≫ 考えよう

1．この文章を「序論」「本論」「結論」に分けてください。それぞれの部分では何について
　　書かれていますか。

　　序論：（第　　　　段落）＿＿＿＿＿＿＿＿＿＿＿＿＿＿＿＿＿＿について

　　本論：（第　　　　段落）＿＿＿＿＿＿＿＿＿＿＿＿＿＿＿＿＿＿について

　　結論：（第　　　　段落）＿＿＿＿＿＿＿＿＿＿＿＿＿＿＿＿＿＿について

2．各段落の「中心文」はどの文ですか。文に線を引くなどしてマークしてください。

 解説

❶ 序論・本論・結論

全体の構成は、大きく、序論・本論・結論に分けられます。また、タイトルは文章全体の
テーマや問いを表す大事な役割があります。

> **序論：**何について取り上げるかを示し、そのテーマに関する問題提起を行います（問い
> 　　　　を示します）。ここで問いに対する答えを示すこともあります。
> **本論：**テーマに関する具体的な例を取り上げ、さまざまな観点から比較をしながら分
> 　　　　析します。
> **結論：**問題提起（問い）に対する「答え」を示します。

36 〜 37 ページの文章は、以下のような構成となっています。

　　問題提起（タイトル）：「かわいい」は日本独自の美学なのか
　　序論：（第１段落）
　　　明治以後の日本の近代化において、日本が西洋にどう映るかが重要な問題であった
　　ことの紹介。
　　本論：（第２・３・４・５段落）
　　　日本の大衆文化と海外（西洋・世界）との関係を時代ごとに分析。その特徴と具体例
　　の説明。
　　結論：（第６段落）
　　　日本の「かわいい」文化は、日本独自のものではなく、グローバル化を前提としてい
　　るものであるという考察。

❷ 中心文・支持文

> 中心文：段落の中で筆者の主張を最もよく表している文のことです。段落のはじめ・
> 　　　　終わりの位置にくることが多いです。中心文を続けて読むと、その文章の要
> 　　　　旨が伝わります。
> 支持文：中心文に関して、その具体的な例、詳しい説明、理由などを書いた文のこと
> 　　　　です。

各段落の中心文は以下の通りです。

【第１段落】

　明治以後、急速に西洋的近代化を成し遂げてきた日本にとってもっとも重要なことは、
西洋列強の眼にみずからがどのように映るかという問題であった。

【第２段落】

（第１段落の最後：歌舞伎、浮世絵のような江戸期の庶民にとっての大衆文化は、オリエンタリズムを媒介とし
て、純粋で高級な文化遺産へと、イデオロギー的に作り変えられていった。）

　一方、近代化のなかではじめて成立した大衆文化には、こうした純粋化は要請されな
かった。

【第３段落】（中心文だけで段落が成立しています）

　ちなみに現在、「かわいい」文化として日本から世界に発信しているものの大半は、この
近代以降の大衆文化を発展したものだ。

【第４段落】

　こうした現象を、欧米を巧みに飼い馴らして利益を得るに長けた日本文化と見なすだけで

は不充分であって、そこに現実に働いていた文化的混淆性にこそ焦点を当てなければならない。

【第5段落】

1980年代までの日本を悩ませていたのは、「ジャパン・アズ・ナンバーワン」と他者から綽名されるまでとなった経済力と、日本から発信できる文化力との間の不均衡であった。

【第6段落】（段落のはじめと終わりに中心文があります）

1990年代に入って、情勢が変わった。香港が汎アジア的な規模の衛星放送を開始したことに象徴されるように、グローバルな巨大メディアが産業として出現する。
　　　：

「かわいい」文化が大手を振って海を渡るようになったのには、こうしたグローバル化の状況が前提として横たわっている。キティちゃんも、千尋も、ピカチュウも、いうなればグローバライゼーションの子供たちなのである。

ステップアップ

さまざまな日本論・日本人論をテーマとした評論や小説が発表されています。読んだことがありますか。興味があるものを読んでみましょう。

参考
- ルース・ベネディクト、角田安正訳（1946）『菊と刀』講談社学術文庫
  日本を「恥の文化」、欧米を「罪の文化」としている。
- 丸山真男（1946）『超国家主義の論理と心理』岩波文庫
  明治以降の日本のナショナリズムについて。
- 中根千枝（1967）『タテ社会の人間関係』講談社現代新書
  「ウチ」と「ソト」を代表とする日本の社会構造に関する論考。
- 土居健郎（1971）『「甘え」の構造』弘文堂
  精神科医である著者による日本人の甘えの概念について。
- エズラ・ヴォーゲル、広中和歌子・木本彰子訳（1979）『ジャパン・アズ・ナンバーワン』
  阪急コミュニケーションズ
  戦後の日本経済の高度成長を分析し日本的経営の特徴に関して説いている。
- 山崎正和（1984）『柔らかい個人主義の誕生』中公文庫
  70年代から80年代にかけた日本の消費社会に関する論考。
- リービ英雄（1992）『星条旗の聞こえない部屋』講談社文芸文庫
  日本語非母語話者の日本語による小説。著者の体験が基にされている。
- 呉人恵（2012）「『ありがとう』と言わない重さ」『中学生の国語　三年』三省堂
  モンゴルとの風土の違いによる挨拶・価値観。

書いてみよう

①②のうちどちらかを選んで書きましょう。

①自分自身の体験を分析し、自分の国との比較分析をしながら考察を行い、自分自身の「日本論・日本人論」を完成させましょう。

②「ステップアップ」で読んだ文章について、感想を述べたうえで、自分自身の体験を論じましょう。

アウトラインの例

字数：1,000字程度

序論	問いの提示	「日本論・日本人論」による主張や一般的に言われていることなどを例に、「問い」を示す。
本論	分析	自分自身の体験について具体例を示し、比較などを行い分析する。
結論	考察	主張をまとめる。問題提起（問い）に対する「答え」となるように書く。

書くときの ポイント

文章全体の構成と、段落ごとの中心文と支持文に気をつけて書きましょう。

第3課

テクノロジー

立場を決めて意見を述べる

近年、テクノロジーが急速に発展しています。テクノロジーは私たちの生活をどのように変えていくのでしょうか。よい面と悪い面の両面から考えてみましょう。

 この課で学習すること

	トピック	学習項目
★ Step1	アナログ vs デジタル	言語表現を整える① **指示表現・接続表現・副詞のスタイル**
★★ Step2	インターネットの功罪	言語表現を整える② **主張の表現 ／ 文末のバリエーション**
★★★ Step3	AI の光と影	内容・構成を磨く **説得力のある論理展開**

Step 1 アナログ vs デジタル

書く前に

以下の①から③の項目について、みなさんはアナログとデジタルのどちらを使いますか。
その理由は何ですか。それぞれのメリット・デメリットは何ですか。

① 手帳　　アナログ（紙の手帳）vs デジタル（スマートフォン・タブレットなど）
② 時計　　アナログ時計 vs デジタル時計
③ 買い物　現金 vs キャッシュレス（モバイル決済・カード払い・電子マネーなど）

下の図は、会社員を対象に行った、紙媒体とデジタル媒体の利用に関する意識調査の結果
を表したものです。これも参考にして、デジタル化について考えましょう。

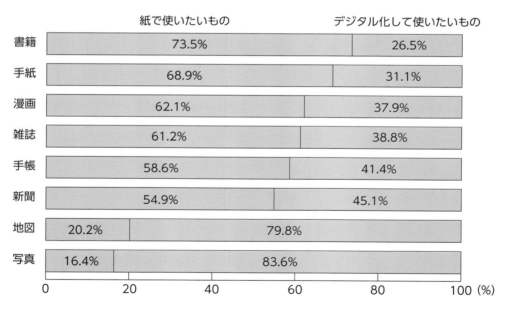

図1　紙で使いたいものとデジタル化して使いたいもの

2019 年 11 月　日本製紙連合会調べ

 **考えよう**

次の文章は、「アナログかデジタルか」というテーマで書かれたものです。下線の表現をアカデミック・スタイルにしてください。

手帳はアナログかデジタルか

マリオ・ロドリゲス

　アナログからデジタル化されているものには、カメラ、時計、切符、お金などがあり、それぞれメリットとデメリットがある。今回は手帳について考えてみたい。¹⁾ <u>最近</u>、パソコンやスマートフォンが普及するにつれて、書くことが ²⁾ <u>すごく</u>容易になっている。スマートフォンには、メール、SNS、スケジュール帳などの機能が ³⁾ <u>いろいろ</u>ある。⁴⁾ <u>でも</u>、スケジュール帳を ⁵⁾ <u>あんまり</u>使っておらず、小型サイズの手帳にペンで予定を書いている。つまり、デジタルのものをよく使っていても、手帳はアナログ派なのである。

　⁶⁾ <u>もちろん</u>、デジタルのスケジュール帳には、入力や修正がしやすいこと、検索しやすいことなどのメリットが ⁷⁾ <u>たくさん</u>ある。⁸⁾ <u>だけど</u>、画面が小さくて非常に見にくく、全体的な計画やくわしい予定がわかりにくい。充電が切れて、見たいときに見られないこともあり、データの保存ができていない場合もある。

　このデジタルのデメリットは、反対に紙の手帳のメリットになる。バッテリーの心配をせずに、書きたいときに書け、見たいときにすぐ見ることができる。全体的な予定も比較しやすく、細かく自由に書くことができる。⁹⁾ <u>あと</u>、写真やチケットなど、大事なものをはさんでおくこともできる。どこかに置き忘れなければデータをなくす心配もなく、一年が終われば思い出の一冊となる。毎年、次は ¹⁰⁾ <u>どんな</u>手帳にするか、デザインやサイズを選ぶ楽しみもある。デメリットは、紙で重いことと値段が高いことであろう。

　このように、デジタルの手帳、紙のアナログの手帳、¹¹⁾ <u>どっち</u>にもメリットとデメリットがある。人によって、メリットが ¹²⁾ <u>もっと</u>多いほうを選べばよいのではないだろうか。日本の文房具メーカーのペンを収集している私にとっては、ペンが使えることが ¹³⁾ <u>一番</u>大きいメリットである。¹⁴⁾ <u>だから</u>、デジタル化している ¹⁵⁾ <u>今も</u>紙の手帳を使っているのである。

（756字）

手帳はアナログかデジタルか

マリオ・ロドリゲス

　アナログからデジタル化されているものには、カメラ、時計、切符、お金などがあり、それぞれメリットとデメリットがある。今回は手帳について考えてみたい。1) 最近、パソコン
【近年】
やスマートフォンが普及するにつれて、書くことが 2) すごく容易になっている。スマート
【大変】
フォンには、メール、SNS、スケジュール帳などの機能が 3) いろいろある。4) でも、スケジュー
【さまざま】　　　　　　　【しかし】
ル帳を 5) あんまり使っておらず、小型サイズの手帳にペンで予定を書いている。つまり、デ
【それほど】
ジタルのものをよく使っていても、手帳はアナログ派なのである。

　6) もちろん、デジタルのスケジュール帳には、入力や修正がしやすいこと、検索しやすい
【確かに】
ことなどのメリットが 7) たくさんある。8) だけど、画面が小さくて非常に見にくく、全体的
【多く】　　　　　　【しかし】
な計画やくわしい予定がわかりにくい。充電が切れて、見たいときに見られないこともあり、
データの保存ができていない場合もある。

　このデジタルのデメリットは、反対に紙の手帳のメリットになる。バッテリーの心配をせ
ずに、書きたいときに書け、見たいときにすぐ見ることができる。全体的な予定も比較しや
すく、細かく自由に書くことができる。9) あと、写真やチケットなど、大事なものをはさん
【また／さらに】
でおくこともできる。どこかに置き忘れなければデータをなくす心配もなく、一年が終われ
ば思い出の一冊となる。毎年、次は 10) どんな手帳にするか、デザインやサイズを選ぶ楽しみ
【どのような】
もある。デメリットは、紙で重いことと値段が高いことであろう。

　このように、デジタルの手帳、紙のアナログの手帳、11) どっちにもメリットとデメリット
【どちら】
がある。人によって、メリットが 12) もっと多いほうを選べばよいのではないだろうか。日本
【より】
の文房具メーカーのペンを収集している私にとっては、ペンが使えることが 13) 一番大きいメ
【最も】
リットである。14) だから、デジタル化している 15) 今も紙の手帳を使っているのである。
【したがって／そのため】　　　　　【現在】

46

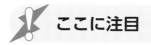 ここに注目

ここでは、「指示表現・接続表現・副詞」のアカデミック・スタイルを学習します。

	やわらかい表現	かたい表現	用例
指示表現	10)どんな／こんな	どのような／このような	日本語学習にはどのような動機があるか。
	11)どっち／こっち	どちら／こちら	A案とB案とどちらの方法がよいか考える。
	そういった	そうした	彼の受賞辞退には、そうした理由が考えられた。
接続表現	9)あと	また／さらに	この章ではCを分析した。また、以下のことを検討した。
	14)だから	そのため／したがって	目標の人数に達しなかった。そのため、日程が変更になった。
	それで／で	そのため	少子化が進んでいる。そのため、労働力が不足する恐れがある。
	4)でも	しかし	多くは賛成であった。しかし、反対意見もあった。
	8)だけど	だが	その方法はリスクが高い。だが、ほかの方法は困難であった。
	けれども	しかし	不景気で会社が倒産した。しかし、民事再生法で救済された。
副詞（時の表現）	1)最近	近年	近年、温暖化が進んでいる。
	15)今	現在	事故の原因は、現在、調査中である。
	ずっと	長い間／長期間	卵の価格は長期間変動していない。
	ときどき	時折	この鳥は、時折珍しい色のひなが生まれる。
	いつも	常に	ことばの使い分けは常に意識する必要がある。
	これから	今後	男女の給与格差の是正は今後の課題である。
	しょっちゅう	頻繁に／しばしば	感染防止のために頻繁に手洗いを行ったほうがよい。
副詞（比較・程度の表現）	2)すごく	大変／非常に／極めて	非常に深刻な問題である。
	3)いろいろ	さまざま	事故の原因はさまざまある。
	5)あんまり／あまり／そんなに～ない	それほど／さほど～ない	その件は、それほど重要ではない。
	6)もちろん	確かに／むろん	確かに電子化にはメリットが多い。
	7)たくさん／いっぱい	多く／多数／大量	震災では、多くの人が犠牲になった。
	12)もっと	より／さらに	次の選挙では、より高い投票率を期待したい。
	13)一番	最も	東京は日本で最も人口密度が高い。
	結構	比較的	この地方は台風が比較的多い。
	普通	一般的に	一般的に日本の部屋は狭い。
	絶対～ない	決して～ない	決して同じ間違いをしてはならない。
	全然～ない	まったく～ない	実験の過程を振り返ってみたが、まったく問題はなかった。
	全部	すべて	賞金はすべてボランティア団体に寄付された。

＊このほかの表現は「50音順スタイル対照リスト」（157～161ページ）で確認しましょう。

＊完全に言い換えられない場合もあるため、文脈に合わせてふさわしい表現を選びましょう。

第3課
Step
1

❶ 指示表現

話すときの発音によくある「こっち」「どんな」「そういった」のような「っ」「ん」は、アカデミック・スタイルでは使わないようにしましょう。

❷ 「順接」の接続表現

「順接」の接続表現の中でも、とくに「原因→結果」を表すものには数多くの種類があります。表の左側は「やわらかい表現」なので、アカデミック・スタイルではありません。

やわらかい表現	かたい表現
ですから　だから　なので*¹ そして　それで　で	そのため　したがって　そこで その結果　よって*²　　ゆえに*²

*¹「なので」：雑誌やインターネットのブログ記事などで見られますが、アカデミック・スタイルではありません。

*²「よって」・「ゆえに」：45ページの「考えよう」のように日常的なテーマで書く場合にはふさわしくありません。
・「よって」：判決文などの法律の分野、演説や講演の文章などでよく使われます。
　例）投票総数の3分の2を超えました。よって、本案は可決されました。
・「ゆえに」：数学（「∴」の記号）・論理学・哲学などの分野で使われることが多く、論理関係を示します。
　例）・A＝Bである。B＝Cである。ゆえに、A＝Cと証明される。　∴A＝C
　　・「我思う、ゆえに我あり」（デカルト）

❸ 副詞

1）「時」・「比較」・「程度」を表す表現

副詞には、「やわらかい表現」と「かたい表現」を使い分ける必要のある表現が大変多いです。「すごく」「もっと」「あんまり」「たくさん」「いろいろ」などは「やわらかい表現」です。アカデミック・ライティングにはふさわしくありません。

2）「和語」と「漢語」

一般的に、和語よりも漢語のほうが「かたい表現」になることが多いです。

　例）　△これから　　→　　○今後

注意　「一番」「普通」「絶対」「多分」「一緒」は漢語ですが、「やわらかい表現」です。アカデミック・ライティングでは、それぞれ、「最も」「一般的に」「決して」「おそらく」「ともに」を用います。

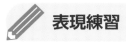 **表現練習**

1. 下線の表現をアカデミック・スタイルにしてください。

① この研究は、Ａ大学とＢ大学が<u>一緒に</u>行った。

② 日本の人口は今後<u>たぶん</u>少なくなるであろう。

③ 「思う」の用例をコーパスで<u>全部検索</u>した。

④ 懸案事項は<u>だいたい</u>解決した。

⑤ 日本の学校の入学式は、<u>普通</u>、４月に行われることが多い。

2. アカデミック・ライティングにふさわしくない表現を見つけて線を引き、例のように直してください。

例：<s>すごく</s>深刻な問題である。
　　　　非常に

① <u>あと、</u>以下のことを検討した。

② 解決しなければならない問題が<u>たくさん</u>残されている。

③ <u>だから、</u>本研究の仮説は証明されなかった。

④ <u>一番新しい</u>データの分析結果を発表した。

⑤ 先進国の<u>国々</u>は<u>もっと</u>大きな役割を果たすべきである。

 書いてみよう

デジタル化をめぐる以下のテーマの中から１つ選び、そのメリット・デメリットを比較しながら、意見を書きましょう。

　　テーマの例　　　・「現金とキャッシュレス」
　　　　　　　　　　・「紙の本と電子書籍」
　　　　　　　　　　・「手紙とメール」

アウトラインの例　　　　　　　　　　　　　　　　　　　字数：600字程度

はじめ	立場	取り上げたアナログ・デジタルの例は何ですか。何についてどのような立場で書きますか。
なか	比較	それぞれのメリット・デメリットは何ですか。
おわり	意見	どのように考えますか。

書くときの ポイント

指示表現・接続表現・副詞のスタイルに気をつけて書きましょう。

インターネットの功罪（こう ざい）

書く前に

① みなさんはインターネットでどのようなことをしますか。

② 下の図から、どのようなことがわかりますか。

　・すべての年齢層（ねんれいそう）で高い、または低い利用目的・用途（ようと）は何ですか。

　・年齢層によって大きく異（こと）なる利用目的・用途は何ですか。

③ インターネットのメリット・デメリットとして、どのようなことが考えられますか。

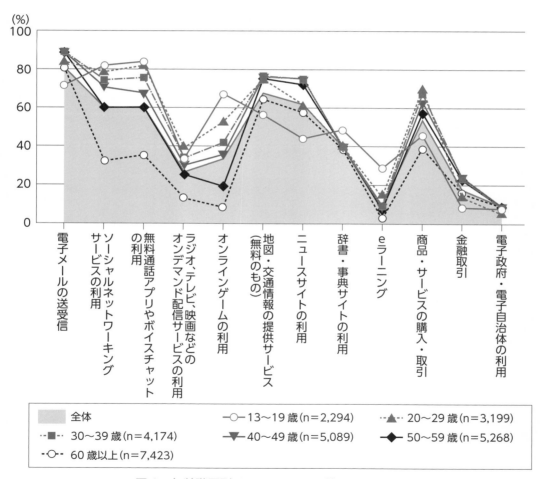

図1　年齢階層別インターネットの利用目的・用途

総務省「『情報通信白書令和元年版』インターネットの利用動向」図表3-2-1-8
(https://www.soumu.go.jp/johotsusintokei/whitepaper/ja/r01/html/nd232120.html) を加工して作成

 **考えよう**

次の文章は、「インターネットの功罪」というテーマで書かれたものです。下線の表現を改善してください。不要な場合は削除してください。

インターネットがもたらす利便性と危険性

イマード・ムスタファ

　インターネットの利用者は年々増え続け、年代を問わず多くの人に利用されている ¹⁾ のである。インターネットが利用できれば、いつどこにいても必要な情報を簡単に手に入れることができ、非常に便利である。また、情報を入手するだけでなく、共有したい情報や自分自身の考えを発信し、それに対してフィードバックを得ることもできる ²⁾ と思っている。さらに、共通の趣味をもつ人を見つけ、趣味のサークルを作るということも可能である。すなわち、ネットワークを利用すれば、会ったことのない人とでも容易につながることができる ³⁾ からである。世界中の人と容易につながることができ、自由に情報交換できることが、インターネットの最大のメリットだと ⁴⁾ 信じる。

　しかし、インターネットには多くの問題点も存在 ⁵⁾ しているだろうか。確かに、インターネットのコミュニティーや SNS などを通じて、多様な人々と出会えるというメリットもあるが、それに伴う危険性もあるだろう。インターネットの向こう側にいる相手はどのような人物なの ⁶⁾ ですか。相手の名前や年齢、性別に関する情報が見られるからといって、信頼できる情報とは限らない。なぜなら、インターネットは、基本的に実名ではなく匿名で利用できる ⁷⁾ のである。相手に悪意がある場合は、犯罪に巻き込まれる恐れもあり、非常に ⁸⁾ 怖い。反対に、実名で SNS に写真やメッセージを投稿することによって個人情報が漏れ、悪用される事件も起きているとのことである。インターネットには、危険性が ⁹⁾ ないと言えないわけではないのである。

　このように、インターネットは私たちの日常生活には欠かせない便利なものであるが、メリットばかりではない。多種多様な人と出会える有益なコミュニケーションツールであっても、安易に利用すれば、犯罪につながる ¹⁰⁾ かもしれない。その危険性も十分に理解したうえで慎重に利用する必要があると考える。

（770字）

インターネットがもたらす利便性と危険性

イマード・ムスタファ

インターネットの利用者は年々増え続け、年代を問わず多くの人に利用されている ¹⁾ ~~のである~~。インターネットが利用できれば、いつどこにいても必要な情報を簡単に手に入れることができ、非常に便利である。また、情報を入手するだけでなく、共有したい情報や自分自身の考えを発信し、それに対してフィードバックを得ることもできる ²⁾ ~~と思っている~~。さらに、共通の趣味をもつ人を見つけ、趣味のサークルを作るということも可能である。すなわち、ネットワークを利用すれば、会ったことのない人とでも容易につながることができる ³⁾ <u>からである</u>
のである
る。世界中の人と容易につながることができ、自由に情報交換できることが、インターネットの最大のメリットだと ⁴⁾ <u>信じる</u>。
　　　　　　　　　　　考えられる／言える
　しかし、インターネットには多くの問題点も存在 ⁵⁾ <u>しているだろうか</u>。確かに、インターネッ
　　　　　　　　　　　している／しているだろう／しているのではない（だろう）か
トのコミュニティーや SNS などを通じて、多様な人々と出会えるというメリットもあるが、それに伴う危険性もあるだろう。インターネットの向こう側にいる相手はどのような人物なの ⁶⁾ <u>ですか</u>。相手の名前や年齢、性別に関する情報が見られるからといって、信頼できる情
　　（だろう）か
報とは限らない。なぜなら、インターネットは、基本的に実名ではなく匿名で利用できる
⁷⁾ <u>のである</u>。相手に悪意がある場合は、犯罪に巻き込まれる恐れもあり、非常に ⁸⁾ <u>怖い</u>。反対に、
からである　　　　　　　　　　　　　　　　　　　　　危険である
実名で SNS に写真やメッセージを投稿することによって個人情報が漏れ、悪用される事件も起きているとのことである。インターネットには、危険性が ⁹⁾ <u>ないと言えないわけではない</u>
　　　　　　　　　　　　　　　　　　　ないとは言えない／ないわけではない
のである。

　このように、インターネットは私たちの日常生活には欠かせない便利なものであるが、メリットばかりではない。多種多様な人と出会える有益なコミュニケーションツールであっても、安易に利用すれば、犯罪につながる ¹⁰⁾ <u>かもしれない</u>。その危険性も十分に理解したうえ
　　　　　　　　　　　　　　　　恐れがある／恐れもある
で慎重に利用する必要があると考える。

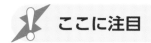
ここに注目

❶ 事実と意見

1）事実・断定を表す文には、思考動詞（「と思う」「と考える」など）や推量表現（「だろう」など）は使用しません。

例）　○　1964 年に東京でオリンピックが開催された。

　　　×　1964 年に東京でオリンピックが開催された<u>と考える</u>。

　　　○　調査結果によると、インターネットの普及率は 80％を超えている。

　　　×　調査結果によると、インターネットの普及率は 80％を超えている<u>と思われる</u>。

2）筆者の意見・主張や判断、評価を表す文には、思考動詞（「と思う」「と考える」など）や断定を弱める表現（主張をやわらかく示す「のではない（だろう）か」や推量表現「だろう」など）が使用できます（☞❷❸❹を参照してください）。

例）　○　海洋汚染を防ぐために、プラスチックごみの削減が不可欠だ<u>と考える</u>。

　　　○　SNS の利用によって子どもが犯罪に巻き込まれる恐れもあるのではないか。

❷ 主張の表現（主観性の度合い）

意見や主張を表す文に使われる表現は、以下に示すように「主観性」の度合いが異なります。学術的な論文には、客観的な証拠を積み重ねて必然的に導かれた結論が示されるため、主観的な表現（「私は〜と思う」など）は使いません。しかし、事実として確認できなかったことや推論、予想を書く場合は断定できないので、「考えられる」などの思考動詞や「だろう」「のではないか」などの断定を弱める表現が使われます。

小論文（意見文）は、一般論や常識、個人の体験などに基づいて論じることがあるため、主観的な表現を完全に避ける必要はありませんが、「主観的すぎる」という印象を与えないように注意しましょう。

「主観性」の度合いの違い

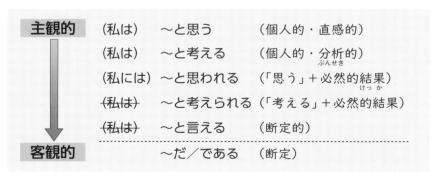

・「と思う／考える」：「と思う」は個人的・直感的・情緒的な考えを表し、感想文のような印象を与えるので、あまり使わないようにしましょう。分析的な印象を与える「と考える」はよく使われます。

・「と思われる／考えられる」：「いろいろな状況からそう思う／考えるのが自然だ（必然的にそのような結果になる）」という「自発」の意味になり、少し客観性が加わります。「と考えられる」は「そう考えるのが自然だ」という「自発」の意味だけでなく、「と考えることができる」という「可能」の意味も表すことができるため、「と思われる」よりも広く使われます。

・「と言える」：「と言うことができる／判断できる」という意味になるため、断定的に述べる際に使われます。

注意 「私」は、アカデミック・ライティングではあまり使いません。論文で「私」と書く必要がある場合は、「筆者」を使います。

注意 「と思っている」は筆者の「今」の主張を伝えるときには使えません。ただし、以下の場合は使用可能です。

　　a. 思っている人が「筆者（私）」以外の場合
　　　例）大勢の人々がAIを有用なものだと思っている。
　　b. 以前から続けて思っているということを強く言いたい場合
　　　例）新しい研究プロジェクトを立ち上げたいと思っている。
　　c. 以前とは異なる現在の考えを強く言いたい場合
　　　例）以前は本方針に賛同していたが、現在は、再検討すべきであると思っている。

❸ 断定を避ける表現

断定を避け、やわらかく読み手に訴えるために推量の表現が使われることがあります。よく使われるのは、「だろう／であろう」「のではない（だろう）か」です。「だろう／であろう」と組み合わせて使う特別な形に「と言えよう」（＝言えるだろう）、「あろう」（＝あるだろう）、「なかろう」（＝ないだろう）があります。「のではないだろうか」を「のではなかろうか」にすると、とても「かたい表現」になります。

　　例）・正しい知識を身につけて活用すべきである。
　　　　　→ 活用すべきだろう／であろう。
　　　　・このような傾向は今後も続いていく。
　　　　　→ 今後も続いていくであろう／のではない（だろう）か／のではなかろうか。

注意 主張の表現や断定を避ける表現をむやみに重ねて使用すると意味がわかりにくくなるので、簡潔に書きましょう。

　例）△ 可能であると言えるのではないだろうかと考える。

　　　　→ ○ 可能であろう。／可能なのではないか。

❹ 評価的な表現

主張が評価的な意味を表す場合は、**「必要がある」「べきだ」「なければならない」「ほうがいい」**などが使われます。これらの表現は、ほかの表現と組み合わせて使われることもあります。

例）・その危険性も十分に理解したうえで利用する<u>必要がある</u>と考える。
　　・このような問題を解決するために、利用時間を制限する<u>べきだ</u>と言える。
　　・学校教育でネット依存症について学ぶ機会があった<u>ほうがよい</u>のではないだろうか。
　　・子どもがこのような犯罪に巻き込まれないよう、保護者は十分に<u>注意しなければならないのである</u>。

これらの表現のほかに、「怖い」「悲しい」「うれしい」「おもしろい」「好きだ」「すばらしい」なども評価的な表現です。しかし、これらは個人的・主観的だという印象を与えるため、内容に合わせて以下のように別の表現に言い換えましょう。

例）・原発事故は怖い → 原発事故は<u>危険である</u>／<u>脅威である</u>
　　・新薬が開発されてうれしい → 新薬の開発は<u>喜ばしいことだ</u>
　　・小森（2020）の指摘はおもしろい → 小森（2020）の指摘は<u>興味深い</u>
　　・このような考え方は嫌いだ → このような考え方には<u>賛同できない</u>
　　　　　　　　　　　　　　　　　　このような考え方は<u>受け入れられない</u>
　　・<u>すばらしい</u>医療体制がある → <u>優れた</u>医療体制がある

❺ 疑問形式の表現

疑問の「か」を使った表現には、やわらかく主張する「のではない（だろう）か」のほかに、問題提起の「の（だろう）か」「のであろうか」があります。文章中のそれまでの議論から出てきた新しい問題や疑問、話題を提示する働きがあり、効果的に用いると、何に関する議論が続くのかを読み手に明示的に伝えることができます。

例）・SDGs を達成するために、どのような取り組みが行われているの（だろう）か／のであ
　　　ろうか。

　　　・では、なぜこのような問題が生じたの（だろう）か／のであろうか。

❻ その他の表現

前の文脈をまとめたり言い換えたりする表現には「のだ／である」、前の文の理由や原因を
示す表現には「からだ／である」があります。「のだ」は「このように」や「つまり」「すなわ
ち」、「からだ」は「なぜなら」「〜のは」と一緒に使われることが多いです。

「のだ」は、書き手が「前の文脈で十分に説明できていない」と思うことを、読み手に対して
大切な情報として提示する機能をもちます。そのため、文章の１文目には使われません。
また、文章の中で何度も続けて使われると不自然になります。

例）　世界経済フォーラム（World Economic Forum）は毎年、男女格差を測るジェンダー・
　　ギャップ指数（Gender Gap Index：GGI）を発表している。内閣府が編集する『共同参
　　画』（2020 年 3・4 月号）によると、この指数は、経済、政治、教育、健康の 4 分野の
　　データから作成され、0 が完全不平等、1 が完全平等を示している。2020 年における
　　日本の総合スコアは 0.652 で、153 か国中 121 位であった。日本と同じように男女格
　　差が残ると言われている中国や韓国はそれぞれ 106 位、108 位、米国は 53 位、英国
　　は 21 位となっている。過去の日本の順位を調べたところ、2019 年は 149 か国中
　　110 位、2018 年は 144 か国中 114 位であった。このように、日本は数年にわたり、
　　下位にとどまっているのである。

　　　一方で、毎年上位を独占しているのはアイスランド、ノルウェー、フィンランドと
　　いった北欧の諸国である。これらの国々で女性の活躍が進んでいるのは、育児に対する
　　政策が充実しているからだと言われている。

 表現練習

次の文の（　　　）の中から、適切な表現を選んでください。

1.　ある調査によると、スマートフォンの利用者数は年々 ①（ 増加している・増加してい
　　ると思われる ）。子どもから高齢者まで、幅広い年代で活用されており、スマートフォ
　　ンで話しながら歩く小学生の姿もよく見かける。

　　　しかし、小学生がスマートフォンを持つことに問題はない ②（ のだろうか・のだろ
　　う ）。例えば、学校の宿題や作文など、何でもすぐにスマートフォンで調べるようにな

ると、自分の頭で時間をかけて考える習慣がつかなくなる ③(と思っている ・ と思われる)。また、スマートフォンを持っている子どもと持っていない子どもの間でトラブルが生じる恐れも ④(なかろう ・ あろう)。

　このような問題点もあるため、小学生のスマートフォンの利用には慎重になるべきな ⑤(のだろうか ・ のではないだろうか)。

2.　学校の制服の是非に関してはさまざまな意見があるが、私は制服があったほうがよいと ①(考える ・ 考えられる)。なぜなら、制服があれば毎日着る服について悩む必要がなく、時間を効率よく ②(使えるのである ・ 使えるからである)。制服がなければ、季節や流行に合わせてコーディネートを考えなければならず、そのためにお金も時間も ③(必要になる ・ 必要になるかもしれないと言える)。勉強やクラブ活動で忙しい学生生活において、毎日何を着るか考えるのは ④(嫌 ・ 負担)だろう。

　その一方で、制服があることで服装の自由が失われ、個性を表現する機会がないという意見もある。自分が着る服を自由に選びたいという気持ちは ⑤(理解できる ・ 理解できるのである)。しかし、学校がある日は制服を着て、学校が休みの週末などは自分の好きなファッションを楽しむことも可能な ⑥(のではないか ・ のか)。

　したがって、効率よく時間を使って充実した学生生活を送るためには、制服があったほうがよいと ⑦(考える ・ 考えるだろう)。

 書いてみよう

テクノロジーをめぐる問題をテーマにして書きましょう。

　　テーマの例　　・「人工知能の活用の是非」

　　　　　　　　　・「自動運転車の実用化の是非」

　　　　　　　　　・「オンライン授業の是非」

アウトラインの例　　　　　　　　　　　　　　　　　字数：800 字程度

はじめ	現状説明	テーマに関する現在の状況およびそのメリットを説明する。
なか	比　較	デメリットを挙げて比較する。
おわり	結　論	総合的に考えて出した主張を述べる。

書くときの ポイント

意見と事実を表す文の文末表現に気をつけて書きましょう。

AIの光と影

書く前に

下の小論文は、次の〈課題〉に基づいて書かれたものです。論理展開の一部（░░の部分）に問題があるので、どのように改善すればよいか考えながら読んでください。

〈課題〉

これから私たちは人工知能（AI）が発展した社会で生きることになります。AIは、少子化による労働力不足を解決する「光」となる可能性もありますし、人間から仕事を奪う「影」となる可能性もあります。また、AIによって生活が豊かになる可能性もある一方で、AIが悪用されて生活が破壊される可能性もあります。

あなたはAIの光と影について、どのように考えますか。以下のA、Bのどちらかの立場で、1,000字程度で論じてください。

　A：AIの発展には不安もあるが、AIは人間の生活を幸福にするものだ。

　B：AIは人間の生活を脅かすので、開発に規制が必要だ。

AIが幸福にする社会

トウ・セツ

　ここ数年でのAIの発展は目覚ましく、機械による自動翻訳やコンピューターの音声アシスタント機能など、日常的にAIを利用する人が増えてきた。世界トップクラスの棋士が囲碁プログラムとの対局で敗れたことも人々の注目を集めた。このような中で、人間がAIに支配される時代がくるのではないかといった悲観的な意見もしばしば聞かれる。なぜAIは人間を幸せにできるのだろうか。

　第一に、AIは人間と異なり、疲労することなく高い処理能力を維持したまま作業を続けることができる。また、一般のロボットと違って深層学習ができるため、操作を繰り返すうちに徐々に相手の要望に合わせた応答ができるようになるという優れた機能もある。さらに、実際に私たちの生活は既にAIに囲まれている。私自身は、Google翻訳やSiriをよく使っており、助かっている。Google翻訳は日本語の勉強に欠かせないし、Siriはタブレットのアプリを起動したり、おしゃべりをしたりしてくれる。

　第二に、AIは高齢化による介護や医療の問題など、今後生じる社会問題を解決する可能性をもつ。例えば、人間と高度なコミュニケーションをすることができ、血圧や脈拍数などで体調管理もできる介護用ロボットが開発されれば、一人暮らしの高齢者でも安心して楽しく過ごすことができるだろう。また、病気の治療に関するビックデータの解析が進めば、健康を維持するための予防医学の進歩や病気の正確な診断にも役立つ。特に遠隔地では、AIによる医療診断を取り入れることによって、医師不足の問題を解消できる可能性もある。このように、少子高齢化の社会でも、AIによる医療的なサポートによって健康的な長寿社会を実現することが期待できる。

　しかし、AIの発展によって人間は仕事を奪われ、さらにAIに生活を支配される恐れがある。まず、AIの発展は人間の仕事を奪うのではなく、新たな仕事が生まれるチャンスである。Eメールの発明によって手紙を届ける仕事が減少し、インターネットに関わる仕事が増加したように、AIの発展によって人間は単純な仕事から解放され、新たな知的活動に専念できるようになる。次に、人間がAIにコントロールされるという恐れもない。人間には批判的思考力があるからだ。

　今後、AI技術がどう発展していくか、それによってどのような問題が生じるか、だれにも予測することはできない。むろん、AI技術にはデメリットもあるので、事前に対策を考えなければならないが、AIは人間を幸せにできると信じている。

（1,011文字）

■確認しよう

この小論文にはどのような内容が書かれていますか。_____にふさわしいことばを入れてください。「立場」はA・Bのどちらかから選びましょう。

立場：　　A　・　B

根拠：① _____、AIの深層学習、Google翻訳やSiri

　　　② _____

　　　　具体例：_____、AIによる医療診断

反論（AIの問題点／不安な面）→ 反駁（反論に対する反論）：

　　　① _____ → 新たな仕事が生まれるチャンスである。

　　　② _____ → 人間には批判的思考力がある。

結論：事前に対策を考えれば、AIは人間を幸せにできる。

≫ 考えよう

議論の流れと内容について、どのように改善したらよいですか。

解説

の議論の流れと内容をどのように改善できるか、改善例とともに見ていきましょう。

改善ポイント1 第1段落（3～5行目）

課題に「A、Bのどちらかの立場で」と書いてありますが、第1段落では立場が明示されていません。タイトルには立場が明示されていますが、本文の議論の流れの中にも入れたほうが読み手に伝わりやすくなります。

改善例

> このような中で、人間がAIに支配される時代がくるのではないかといった悲観的な意見もしばしば聞かれる。確かに、AIによって新たな問題が生じる不安はあるが、AIには人間にはない能力があり、現代社会の問題を解決する有力な手段となるため、人間に幸福をもたらすものだと考えられる。なぜAIが人間を幸せにできるのか、2つの観点から考えたい。

解説 悲観的な意見があることを紹介した後で、「確かに～が」（譲歩）＋「～ため」（理由）＋「～と考えられる」（立場の明示）という表現で書き手の立場を明らかにしています。また、「2つの観点から考えたい。」という文を入れることによって、読み手がその後の議論の流れを予想するのを助けることができます。

改善ポイント2 第2段落（6～11行目）

根拠の1つ目が散漫で、さまざまな視点を入れすぎています。また、「実際に私たちの生活が既にAIに囲まれていること」は「AIが人間を幸福にするものである」ことの直接の根拠とは言えません。Google翻訳やSiriの例も、個人的な話題であるという印象を与えています。

改善例

> 第一に、AIは人間と異なり、疲労することなく高い処理能力を維持したまま作業を続けることができるため、素早く正確に情報を処理し、よい物を安く大量に生産することができる。将来、労働人口が減少しても、AIを搭載したロボットに働いてもらうことで、現在の生活水準を維持することが可能になると思われる。

解説　根拠として弱い観点を削除して、もとの文章の１つ目の観点（「AI の処理能力の高さ」）に絞って根拠が整理されています。ほかにも、２つ目の観点（「AI の深層学習」の機能）に焦点を絞るなど、さまざまな修正方法がありますが、いろいろな観点を少しずつ紹介するより、観点を選んで十分に説明するほうが説得力が高くなります。また、アカデミック・ライティングでは、個人的、主観的な根拠（例：私は Google 翻訳や Siri をよく使っている）よりも一般的、客観的な根拠のほうが適切です。

改善ポイント3　第 4 段落（20 ～ 25 行目）

反論（「しかし、～恐れがある」）の示し方が唐突で、議論の流れが悪くなっています。また、「AI の発展によって人間は仕事を奪われる」、「AI に生活を支配される」という反論に対し、「まず、AI の発展は人間の仕事を奪うのではなく、新たな仕事が生まれるチャンスである」、「次に、人間が AI にコントロールされるという恐れもない」と述べるだけでは、論理的な反駁とは言えません。

改善例

> 　一方で、AI の発展によって人間は仕事を奪われ、さらに AI に生活を支配されるのではないかと心配する声もある。しかし、AI の発展はむしろ、新たな仕事が生まれるチャンスである。E メールの発明によって手紙を届ける仕事が減少し、インターネットに関わる仕事が増加したように、AI の発展によって人間は単純な仕事から解放され、新たな知的活動に専念できるようになる。また、人間の生活は、知的活動を行って AI を開発し、その利用法を考える人間によって決められるものである。人間はこれまでも、テクノロジーの進化によって生じた問題をさらなるテクノロジーの進化によって解決してきている。AI の将来に悲観的になるのではなく、どうすれば人間と AI が共存できるかを考え、AI の安全で有効な活用法を考えるべきではないだろうか。

解説　接続表現が変わり、議論の流れがわかりやすくなっています。また、「人間が AI にコントロールされるという恐れもない。人間には批判的思考力があるからだ。」という非論理的な部分も、論理的に説明されています。

改善ポイント4　第 5 段落（26 ～ 28 行目）

結論の段落のはじめに「今後、～だれにも予測することはできない」と述べられていて、無責任な印象を与えています。また、書き手の立場と反対の立場（「むろん、AI 技術にはデメリットもあるので、事前に対策を考えなければならない」）を結論で繰り返し、「～と信じている」という主観的な表現でまとめることによって、結論を弱くしています。

> 　今後、AI の発展にともなって新たな課題が生じることは避けられないが、人間のも
> つ知性と理性で対策を講じることによって、豊かで幸福な社会を築くことができるだ
> ろう。AI は、人間にはできない労働が可能であり、社会的課題を解決する有効な手段
> となるため、人間の幸福に寄与する存在だと言える。

解説　余計な情報が削除され、議論を簡潔にまとめて書き手の立場を再度明示するとい
う流れに変わっています。

ステップアップ

58 ページの〈課題〉に対して、どのような根拠と反論を考えますか。B の立場で論じる場
合の根拠と反論について検討し、内容を＿＿＿＿＿にメモしてください。

立場：（B）AI は人間の生活を脅かすので、開発に規制が必要だ。

根拠
根拠①：＿＿＿＿＿＿＿＿＿＿＿＿＿＿＿＿＿＿＿＿＿＿＿＿＿＿＿＿＿＿＿＿＿＿

＿＿＿＿＿＿＿＿＿＿＿＿＿＿＿＿＿＿＿＿＿＿＿＿＿＿＿＿＿＿＿＿＿＿＿＿＿＿

根拠②：＿＿＿＿＿＿＿＿＿＿＿＿＿＿＿＿＿＿＿＿＿＿＿＿＿＿＿＿＿＿＿＿＿＿

根拠③：＿＿＿＿＿＿＿＿＿＿＿＿＿＿＿＿＿＿＿＿＿＿＿＿＿＿＿＿＿＿＿＿＿＿

＿＿＿＿＿＿＿＿＿＿＿＿＿＿＿＿＿＿＿＿＿＿＿＿＿＿＿＿＿＿＿＿＿＿＿＿＿＿

反論と反駁
根拠①に対する反論 → 反駁：＿＿＿＿＿＿＿＿＿＿＿＿＿＿＿＿＿＿＿＿＿＿＿＿

＿＿＿＿＿＿＿＿＿＿＿＿＿＿＿＿＿＿＿＿＿＿＿＿＿＿＿＿＿＿＿＿＿＿＿＿＿＿

→　＿＿＿＿＿＿＿＿＿＿＿＿＿＿＿＿＿＿＿＿＿＿＿＿＿＿＿＿＿＿＿＿＿＿＿＿

＿＿＿＿＿＿＿＿＿＿＿＿＿＿＿＿＿＿＿＿＿＿＿＿＿＿＿＿＿＿＿＿＿＿＿＿＿＿

根拠②に対する反論 → 反駁：_____

_____

→ _____

_____

_____

根拠③に対する反論 → 反駁：_____

_____

→ _____

_____

結論：

_____

_____

_____

📋 書いてみよう

58 〜 59 ページの「書く前に」にある小論文を参考に、「ステップアップ」で考えた根拠などを利用して、Bの立場で小論文を作成してください。

アウトラインの例   字数：1,000 字程度

序論	社会的状況 → 自分の主張
本論	自分の主張の根拠 → 反対意見の想定 → 反駁
結論	まとめと主張

書くときの ポイント

説得力のある根拠・反論・反駁を示し、論理展開に気をつけて書きましょう。

ワンポイント ❗ 授業コメント
じゅぎょう

大学の授業では、教員から授業に関する感想やコメントを求められ、授業の最後の数分で書いて提出することがあります。「コメントシート」「レスポンスシート」「リアクションペーパー」など、大学や教員によって呼び方はさまざまあり、出席や授業内容の理解の確認に使われます。以下は教員が困る授業コメントの例です。どう改善したらいいでしょうか。

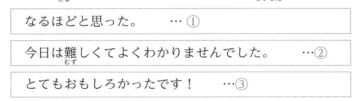

① 何かを理解したようですが、何について理解したのか教員に伝わりません。
② 何が難しかったのか、何がわからなかったのかが伝わらないので、教員は説明できません。
③ おもしろかったのはよかったですが、どこに興味をもったのか教員は知りたいです。

授業のコメントは、どのようなことがどのように理解できたか、どこが難しかったか、わからなかったか、興味をもったか、具体的に書きましょう。教員は、学生のみなさんが授業の内容を理解しているか、どのような感想や反応だったのか知りたくて、授業後に読むのを楽しみにしています。また、わからないところや難しいところについて次の授業で説明できますし、今後の授業の改善にもつながります。遠慮しないで質問も書いてみましょう。

改善例（ふつう体　242字）
以下は「日本語の教材」をテーマとした授業についてのコメントです。具体的で、何を理解して何に気づいたのかがよく伝わります。

> 日本語学習の本は総合教材から漢字や敬語などの分野別、試験対策本まで多種多様で充実しているため、学習者の目的に合ったものを選べることがわかった。教材の言語は英語だけでなく日本語学習者が多い国（ベトナム・中国・韓国・インドネシア・タイなど）の言語のものもかなりあった。特に、ビジネス日本語を学ぶ教材は対応言語が多いと感じた。また、「日本語の教材」というと日本語学習者向けの本ばかりをイメージしていたが、日本語教育能力検定や日本語の教え方など、日本語教師向けの教材も多くあることに気づいた。

【その他のポイント】
◆文体は「ふつう体」「ていねい体」どちらでも大丈夫です。指示がある場合はその通りにします。
◆手書きで書く場合、急いで書くと読みにくくなりますから、丁寧にはっきり書きましょう。
◆授業後にメールや学習システム上で提出する場合には、パソコンやスマートフォンで打つことになります。変換ミスに気をつけて、指示された期限内に提出しましょう。

第4課

教育

課題を見つけて意見を述べる

私たちは子どものころからさまざまな教育を受けてきました。国によって、教育の仕組みも内容も異なります。いつからどのような教育を受けるのがいいのでしょうか。

 ## この課で学習すること

	トピック	学習項目
★ Step1	自国の教育の特徴と課題	言語表現を整える① 名詞・動詞・い形容詞・な形容詞のスタイル
★★ Step2	宿題の必要性	言語表現を整える② 視点・呼応の表現
★★★ Step3	教育格差の是正	内容・構成を磨く 段落と文の働き

自国の教育の特徴と課題
きょう いく   とく ちょう   か だい

書く前に

下の図は、日本の学校体系を示したものです。
たいけい しめ

日本や自分の国の教育制度の特徴や課題について、どのようなことを知っていますか。
せい ど

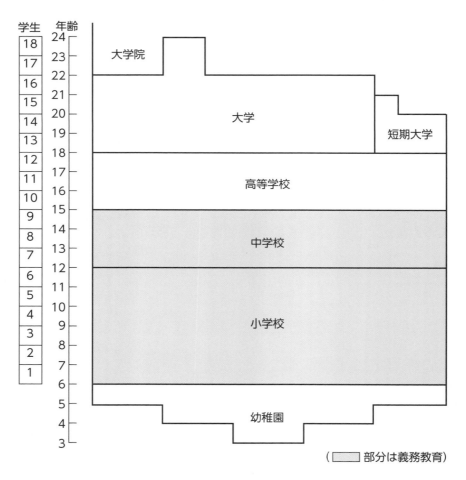

図1　日本の学校体系

文部科学省「諸外国の教育統計　令和2（2020）年版」1.1.1.1.
（https://www.mext.go.jp/content/20200821-mxt_chousa02-000009501-01.pdf）を加工して作成

考えよう

次の文章は、「自国の教育における特徴と課題」というテーマで書かれたものです。下線の
表現をアカデミック・スタイルにしてください。

フランスの教育における特徴と課題

フィリップ・マルタン

　フランスでは、3歳から14歳までの12年間が義務教育であり、公立校は ¹⁾ <u>男と女が共に</u>
²⁾ <u>勉強している</u>。公立の幼稚園や小・中学校では水曜日が半日授業となっており、私立では
一日休校のところもあり、週4日制または週4日半制となっている。一般的に授業は8時半
から始まり、昼休みは2時間あり、終わる時間は曜日によって ³⁾ <u>違う</u>。また、7週間に一度、
2週間の ⁴⁾ <u>休み</u>がある。高校・大学には入学試験がなく、高校に入学してから一年後に文学
系・経済社会系・科学系の中から専門の進路を ⁵⁾ <u>選ぶ</u>。その後、バカロレアという高校卒業
資格の最終試験に ⁶⁾ <u>受かれば</u>、希望の大学に入学することができる。

　このように、フランスは日本と ⁷⁾ <u>比べると</u>、授業を ⁸⁾ <u>する日数</u>が少なく、受験もない。学
校は授業時間が短く、子どもの頃から塾へ行く人もほとんどおらず、好きなことをして過ご
す時間があり、⁹⁾ <u>簡単に見える</u>かもしれない。しかし、フランスには「グランゼコール」と
いう国立のエリート養成校があり、合格は大学より ¹⁰⁾ <u>難しい</u>。高校を卒業してから、さら
に2年間の ¹¹⁾ <u>勉強</u>が必要で、受験は日本より ¹²⁾ <u>大変</u>で就職にも影響する。つまり、
¹³⁾ <u>ひどい</u>学歴社会なのである。

　日本の教育とフランスの教育とどちらが ¹⁴⁾ <u>いい</u>とは言えないが、日本の子どもは塾や受験
で疲れているように見える。グランゼコールのための受験は暗記ではなく、レポートや
¹⁵⁾ <u>プレゼン</u>を通して問題を解決するための力をつけることができる。そのような ¹⁶⁾ <u>ところ</u>
は将来にも ¹⁷⁾ <u>役に立つ</u>と思われる。

（607字）

改善例

フランスの教育における特徴と課題

フィリップ・マルタン

　フランスでは、3歳から14歳までの12年間が義務教育であり、公立校は ¹⁾ 男と女が共に
（男子と女子／男女）

²⁾ 勉強している。公立の幼稚園や小・中学校では水曜日が半日授業となっており、私立では
（学んで）

一日休校のところもあり、週4日制または週4日半制となっている。一般的に授業は8時半

から始まり、昼休みは2時間あり、終わる時間は曜日によって ³⁾ 違う。また、7週間に一度、
（異なる）

2週間の ⁴⁾ 休みがある。高校・大学には入学試験がなく、高校に入学してから一年後に文学
（休暇）

系・経済社会系・科学系の中から専門の進路を ⁵⁾ 選ぶ。その後、バカロレアという高校卒業
（選択する）

資格の最終試験に ⁶⁾ 受かれば、希望の大学に入学することができる。
（合格すれば）

　このように、フランスは日本と ⁷⁾ 比べると、授業を ⁸⁾ する日数が少なく、受験もない。学
（比較すると）　　　　　（行う）

校は授業時間が短く、子どもの頃から塾へ行く人もほとんどおらず、好きなことをして過ご

す時間があり、⁹⁾ 簡単に見えるかもしれない。しかし、フランスには「グランゼコール」と
（容易）

いう国立のエリート養成校があり、合格は大学より ¹⁰⁾ 難しい。高校を卒業してから、さら
（困難である）

に2年間の ¹¹⁾ 勉強が必要で、受験は日本より ¹²⁾ 大変で就職にも影響する。つまり、
（学習）　　　　　　　　　　　（厳しく）

¹³⁾ ひどい学歴社会なのである。
（厳しい）

　日本の教育とフランスの教育とどちらが ¹⁴⁾ いいとは言えないが、日本の子どもは塾や受験
（よい）

で疲れているように見える。グランゼコールのための受験は、暗記ではないレポートや

¹⁵⁾ プレゼンを通して問題を解決するための力をつけることができる。そのような ¹⁶⁾ ところ
（プレゼンテーション／発表）　　　　　　　　　　　　　　　　　　　　　　（点）

は将来にも ¹⁷⁾ 役に立つと思われる。
（役立つ）

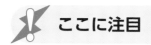
ここに注目

ここでは、「名詞・動詞・い形容詞・な形容詞」のアカデミック・スタイルを学習します。

	やわらかい表現	かたい表現	用例
名詞	1) 男／男の人 女／女の人	男子／男性 女子／女性	世界各国において、寿命は<u>男性</u>より<u>女性</u>のほうが長い。 日本の学校の名簿は<u>男子</u>から<u>女子</u>の順であることが多い。
	4) 休み	休暇	日本では長期<u>休暇</u>が取りにくい。
	11) 勉強	学習	自宅での<u>学習</u>時間が減少している。
	15) プレゼン	プレゼンテーション／発表	<u>プレゼンテーション</u>の準備が必要だ。
	16) ところ	点	不明な<u>点</u>があったため、再調査した。
	ご飯	食事	個食とは、家族と住んでいても一人で<u>食事</u>をとることである。
	私／僕／自分	筆者	<u>筆者</u>が調査したところ、以下のような結果となった。
動詞	2) 勉強する	学ぶ／学習する	大学では多国籍の学生が<u>学んで</u>いる。
	3) 違う	異なる	国によって食事の習慣が<u>異なる</u>。
	5) 選ぶ	選択する	受験科目を<u>選択し</u>なければならない。
	6) 受かる	合格する	Ｎ１に<u>合格する</u>ことを条件とする。
	7) 比べる	比較する	ＡとＢを<u>比較し</u>、分析した。
	8) やる／する	行う	合同で実験を<u>行った</u>。
	17) 役に立つ	役立つ	マスクは風邪の予防に<u>役立つ</u>。
	決める	決定する	投票によって議長を<u>決定した</u>。
	使う	用いる／使用する	若者語を調査するためにコーパスを<u>用いた</u>。
	作る	作成する／制作する	リストを<u>作成した</u>。
	出る	現れる／出現する／発生する	感染者が多く<u>発生する</u>ことが予想される。
い形容詞	10) 難しい	困難な	環境問題を解決するのは<u>困難である</u>。
	13) ひどい	厳しい／激しい	<u>厳しい状況</u>／<u>激しい頭痛</u>
	14) いい	良い／よい	予測より<u>よい</u>結果が得られた。
	易しい	容易な／平易な	今回の入試問題は前回より<u>容易な</u>問題が多かった。
な形容詞	9) 簡単な	容易な	誤解を解くのは<u>容易で</u>はない。
	12) 大変な	厳しい	世界の経済状況が<u>厳しく</u>なっている。
	便利な	利便性が高い〔ある〕	交通ICカードは<u>利便性が高い</u>。
	いろいろな／いろんな	さまざまな／多様な	この街は<u>さまざまな</u>国の人が住んでおり、多国籍化している。

＊このほかの表現は「50音順スタイル対照リスト」（157～161ページ）で確認しましょう。

＊完全に言い換えられない場合もあるため、文脈に合わせてふさわしい表現を選びましょう。

❶ 類義語

同じ意味、似ている意味のことばを**類義語**と言います。これまで学習してきている「やわらかい表現」と「かたい表現」はスタイルが異なる類義語です。

例えば、¹⁾「男と女」は、レポートでは類義の漢語**「男子／男性」「女子／女性」**がふさわしいですが、この文章は学校に関するものなので、**「男子」「女子」**を選びましょう。このように、文脈によって選ぶことばが異なり、同じ意味でもニュアンスが異なります。また、「男と女」を**「男女」**とするのもよい方法です。さらに、**「男女共学」**というよく用いられる表現があります。「男女が共に学ぶ」という意味です。また、「男」「女」は、「犯人の男」のように否定的な意味で用いられることが多いです。

類義語の使い分けについてくわしく知りたい場合は、「類義語辞典」を調べてみましょう。

❷ 和語と漢語

一般的に、和語より漢語のほうが「かたい表現」になることが多く、アカデミック・ライティングでは漢語を用いることが多いです。

例えば、動詞では、⁵⁾「選ぶ」→「選択する」、⁷⁾「比べる」→「比較する」のように和語を漢語にすることでふさわしくなります。

> 注意　漢語より和語のほうが「かたい表現」になる場合もあります。あまり多くないので、
> 　　　例外として覚えましょう。
> 　　　例）　²⁾ △ 勉強する　→　○ **学ぶ**
> 　　　　　　¹²⁾ △ 大変だ　→　○ **厳しい**

❸ 略語

短くしたことばを**略語**と言います。アカデミック・ライティングでは、略語を使わないようにしましょう。

例）　△ 就活　　→ ○ **就職活動**
　　　△ バイト　→ ○ **アルバイト**
　　　△ ケータイ → ○ **携帯電話**
　　　△ スマホ　→ ○ **スマートフォン**
　　　△ ネット　→ ○ **インターネット**

❹ コロケーション・共起表現

結びつきの強い 2 つ以上のことばのつながりを**コロケーション、共起表現**と言います。
例えば、「かさ」の場合、「かさをひらく」ではなく**「かさをさす」**、「辞書」の場合、「辞書を調べる」ではなく**「辞書をひく」**のように組み合わせます（「調べる」の場合、「辞書で調べる」となります）。セットで覚えましょう。

共起する表現は、ことばのスタイルによって変わることがあります。
例えば、「昼ご飯を食べる」という「やわらかい表現」について考えましょう。「昼ご飯」（和語）の「かたい表現」は「昼食」（漢語）です。「食べる」を「とる」にして「昼食をとる」にすると、「かたい表現」になります。

〈やわらかい表現〉　　　〈かたい表現〉

昼ご飯を食べる　　→　　昼食をとる　　昼食を食べる　　× 昼食を食事する

第4課 Step1

コロケーション・共起表現の調べ方

NINJAL-LWP for BCCWJ（NLB）　　　https://nlb.ninjal.ac.jp

国立国語研究所と Lago 言語研究所が共同開発したオンライン検索システムです。名詞、動詞、形容詞、連体詞、副詞、オノマトペを見出し語として検索ができ、調べたい語のコロケーションの頻度や用例を調べることができます。

コロケーション辞典

・姫野昌子監修、柏崎雅世・藤村知子・鈴木智美（編）（2012）『研究社日本語コロケーション辞典』研究社

・金田一秀穂監修、学研辞典編集部（編）（2006）『知っておきたい日本語コロケーション辞典』学研プラス

・中俣尚己（2014）『日本語教育のための文法コロケーションハンドブック』くろしお出版

✏ 表現練習

1. 下線の表現をアカデミック・スタイルにしてください。

① ネットで検索してみたところ、約 20,000 件のデータがあった。

② ゲーム使用の低年齢化が進んでいるが、自分が始めたのは 5 歳だった。

③ 就活の解禁日が 4 年生から 3 年生に早まり、大学の授業に影響が出ている。

④ コーパスで順接の接続詞を調べた結果、用例が 51,121 件出た。

⑤ このデータは関数を使って集計した。

⑥ 調査の対象を 20 代の留学経験者に決めた。

⑦ 分析したデータをもとに表を作った。

⑧ 東京の交通は、地下鉄とほかの私鉄や JR が相互に乗り入れており、便利である。

⑨ 温暖化が進むと洪水が起こりやすくなり、食料の生産量が減少するなど、危ない。

⑩ いろいろな専門の学生にアンケートをとった。

2. アカデミック・ライティングにふさわしくない表現を見つけて線を引き、例のように
   直してください。

　　　例：受験する科目を選んだ。
　　　　　　　　　　　　選択した

① 国によって政策に関するルールや法律が違う。

② この問題を短期間で解決することは簡単ではない。

③ 日本では女の方が家事を担う時間が多い。

④ コンピューターで自動的に計算をやった。

⑤ 近年、朝ご飯を毎日食べない小学生の割合が増加している。

書いてみよう

「自国の教育の特徴と課題」について、知っていることや調べたことを書きましょう。必要に応じて、自分の経験や日本との比較もしてみましょう。

参考

・外務省「キッズ外務省 世界の学校を見てみよう！」

　https://www.mofa.go.jp/mofaj/kids/kuni/index.html

・文部科学省「世界の学校体系」

　https://www.mext.go.jp/b_menu/shuppan/sonota/detail/1396836.htm

アウトラインの例　　　　　　　　　　　　　　　　　字数：600字程度

はじめ	具体例の紹介	自国の教育にはどのような特徴がありますか。
なか	比較・問題点	日本・ほかの国との違いや課題（問題点）は何ですか。
おわり	まとめ・意見	特徴、課題（問題点）についてどのように考えますか。

書くときの **ポイント**

名詞・動詞・い形容詞・な形容詞のスタイルに気をつけて書きましょう。

第4課　Step1

Step 2 宿題の必要性
ひつ　よう　せい

書く前に

下の図は、12 歳以下の子どもを持つ保護者を対象に行った、夏休みの宿題に関するアンケートの結果を表したものです。これも参考にして、宿題について考えましょう。

① 子どもの頃、宿題がありましたか。それはどのような宿題でしたか。

② 宿題は必要だと思いますか。その理由は何ですか。

③ 自分と対立する意見の人は、どのような理由でそう考えていると思いますか。

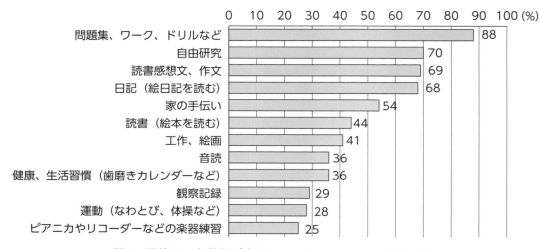

図1　夏休みに小学生が宿題として出された課題の種類と割合

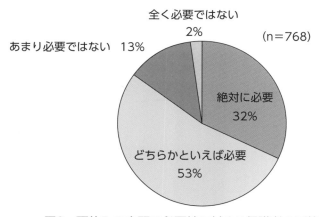

図2　夏休みの宿題の必要性に対する保護者の回答の割合

調査期間：2019 年 5 月 7 日～ 2019 年 6 月 3 日
子どもとお出かけ情報サイト「いこーよ」調べ

考えよう

次の文章は、「宿題の必要性」というテーマで書かれたものです。〜〜〜の表現に注目して、下線の表現を改善してください。

宿題は必要か

ミハイル・コトフ

　日本では小学生の宿題が問題となっており、その必要性が¹⁾ <u>議論している</u>という。筆者が小学生のときも、毎日さまざまな種類の宿題を²⁾ <u>させた</u>が、その経験と近年の教育に関する情報から宿題は必要ないと考える。なぜなら、個々の興味や学力とは関係なく単なる義務とした場合、子どものやる気がなくなり、外で遊ぶ時間も減るため、心身にも影響を及ぼす恐れが³⁾ <u>ある</u>。

　一方で、宿題がなければ子どもはまったく勉強を⁴⁾ <u>する</u>ため、必要だという意見もある。強制的に勉強させる手段としては有効であり、漢字や計算のドリルを毎日繰り返すことによって力がつく。では、宿題があれば勉強させることができ、子どもの成績もよくなるのだろうか。2006年に経済協力開発機構（OECD）が行った調査の結果、成績のよい国の子どもは成績のよくない国の子どもより宿題が⁵⁾ <u>多いわけではない</u>。つまり、宿題の量と学習効果には関連性がないのある。

　それでは、<u>なぜ宿題には学習効果が期待⁶⁾ できない</u>。それは、宿題をすることは勉強することと⁷⁾ <u>同じではない</u>。勉強とは、自分に何が必要かを考え、自ら進んで⁸⁾ <u>学ぶ</u>。無理にさせられる宿題は勉強とは呼べないだろう。また、フランスでは、移民の家庭が増え、宿題の廃止が提案されたことがある。フランス語ができない親が子どもの宿題を手伝えないことが理由の一つであったが、親が手伝わなければならないような宿題はないほうがよいのではないだろうか。

　以上のように、宿題があれば強制的に勉強させることは可能だが、それは理想的な勉強とは異なる。<u>たとえ宿題に学習効果が⁹⁾ あれば</u>、親の助けが必要な宿題は廃止したほうがよい。

（665字）

改善例

宿題は必要か

ミハイル・コトフ

　日本では小学生の宿題が問題となっており、その必要性が [1) 議論している] という。[筆者が]
（議論されて）
小学生のときも、毎日さまざまな種類の宿題を [2) させた] が、その経験と近年の教育に関する
（した／させられた）
情報から宿題は必要ないと考える。なぜなら、個々の興味や学力とは関係なく単なる義務と
した場合、子どものやる気がなくなり、外で遊ぶ時間も減るため、心身にも影響を及ぼす恐
れが [3) ある ∧] 。
（からである）
　一方で、宿題がなければ子どもは [まったく勉強を 4) する] ため、必要だという意見もある。
（しない）
強制的に勉強させる手段としては有効であり、漢字や計算のドリルを毎日繰り返すことによっ
て力がつく。では、宿題があれば勉強させることができ、子どもの成績もよくなるのだろうか。
2006年に経済協力開発機構（OECD）が行った調査の結果、成績のよい国の子どもは成績
のよくない国の子どもより宿題が [5) 多いわけではない ∧] 。つまり、宿題の量と学習効果に
（ということが明らかになった）
は関連性がないののある。

　それでは、なぜ宿題には学習効果が期待 [6) できない ∧] 。それは、宿題をすることは勉強
（のだろうか）
することと [7) 同じではない ∧] 。勉強とは、自分に何が必要かを考え、自ら進んで [8) 学ぶ ∧] 。
（からである）　　　　　　　　　　　　　　　　　　　　　　　　　　　　　（ことである）
無理にさせられる宿題は勉強とは呼べないだろう。また、フランスでは、移民の家庭が増え、
宿題の廃止が提案されたことがある。フランス語ができない親が子どもの宿題を手伝えない
ことが理由の一つであったが、親が手伝わなければならないような宿題はないほうがよいの
ではないだろうか。

　以上のように、宿題があれば強制的に勉強させることは可能だが、それは理想的な勉強と
は異なる。たとえ宿題に学習効果が [9) あれば] 、親の助けが必要な宿題は廃止したほうがよい。
（あっても）

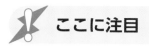 **ここに注目**

❶ 視点
　背景を説明したり、事実を述べたりする場合、どこに視点をあてるかによって、動詞を使い分ける必要があります。動作主（だれ）に視点をあてた場合は他動詞や使役形が、事柄（なに）に視点をあてた場合は自動詞や受身形が用いられます。

　以下の例では、ａとｂ、ｃとｄはそれぞれ同じ事実を示していますが、視点が異なるため、使う動詞の形も異なります。ａとｃは「動作主（だれ）」に、ｂとｄは「事柄（なに）」に視点があります。

例）ａ. **日本は入国制限の緩和を<u>始めた</u>。** 　〈視点＝動作主（だれ）〉
　　　　　　　　　　　　　他動詞

　　ｂ. **日本で入国制限の緩和が<u>始まった</u>。** 　〈視点＝事柄（なに）〉
　　　　　　　　　　　　　　自動詞

　　ｃ. **日本は 1989 年に初めて消費税を<u>導入した</u>。** 　〈視点＝動作主（だれ）〉
　　　　　　　　　　　　　　　　　　　他動詞

　　ｄ. **日本で 1989 年に初めて消費税が<u>導入された</u>。** 　〈視点＝事柄（なに）〉
　　　　　　　　　　　　　　　　　　　受身形

　アカデミック・ライティングにおいて背景や現状を説明する場合は、事柄に視点がおかれ、「入国制限の緩和が始まった」「消費税が導入された」のように自動詞または受身形が使われることが多いです。

　動作主を強調したい場合には、他動詞を使いますが、動作主が書き手本人である場合、「筆者」は省略します。
例）（筆者が）大学 4 年生を対象に調査を<u>行った</u>。 　〈視点＝動作主（だれ）〉
　　　　　　　　　　　　　　　　他動詞

注意　視点が変化すると読みにくいので注意しましょう。
　　　　例）・本レポートでは、大学生の就職活動に対する意識について論じる。はじめに、大学 4 年生を対象にした調査が行われた。
　　　　　　　　　　　　　　　→ ○ を行った
　　　　　　・その企業では、在宅勤務制度が検討され、すぐに<u>導入した</u>。
　　　　　　　　　　　　　　　　　　→ ○ 導入された

❷ 呼応

副詞などの特定の表現には、対応した表現をセットで用いなければならないものがあります。これを**呼応表現**と言います。よく使われる表現を以下の表に示します。

呼応表現		用例
まったく／決して それほど／さほど	～ない	出席率と成績は、<u>まったく</u>関係が<u>ない</u>。 大雪による遅延の恐れがあったが、<u>さほど</u>影響は<u>なかった</u>。
必ずしも	～とは限らない／ ～わけではない／～ない	日本における飲酒は20歳からであるが、<u>必ずしも</u>身分証明書が必要<u>とは限らない</u>。
おそらく	～だろう	円高が続いているため、今後<u>おそらく</u>輸出に影響が<u>あるだろう</u>。
たとえ／いかに	～ても	<u>たとえ</u>人気が高く<u>ても</u>、任期が終われば辞めなければならない。
徐々に／次第に 急速に／急激に ～にしたがって／～にともない／～につれて	〈変化の表現〉 増加する／広がる ～ていく／～てくる／ ～くなる	貧富の格差が<u>次第に</u>大き<u>くなった</u>。 SNSによってニュースが<u>急速に</u>広がった。
〈疑問詞〉 なぜ／どうすれば	～か	その祭りが<u>いつ</u>始まった<u>か</u>、明らかになっていない。 <u>どうすれば</u>景気がよくなる<u>か</u>考えなければならない。
なぜなら／なぜかというと その理由は／それは	～からだ〔である〕 ～ためだ〔である〕	インフルエンザの予防には手洗いが重要だ。<u>なぜなら</u>ウイルスは手から目や口に入る<u>からである</u>。 ＊「なぜなら」などがない場合もあります。
～こと〔点〕は／～の目的〔問題〕は	～ことだ〔である〕	電子書籍のよい<u>点は</u>、大量の本を手軽に持ち運べる<u>ことである</u>。 本論の<u>目的は</u>、酸性雨の範囲を特定する<u>ことである</u>。
～には	～必要がある ～が見られる	この問題を解決する<u>には</u>、全世界で協力する<u>必要がある</u>。 今年度の入学者<u>には</u>高校で留学経験のある学生が多く<u>見られる</u>。
～結果／～たところ	～ことが明らかになった〔わかった〕	実験の<u>結果</u>、酸性度が高い<u>ことが明らかになった</u>。 健康診断を<u>したところ</u>、何も問題がない<u>ことがわかった</u>。

❸ 文のねじれ

主語と述語の関係が合わなくなることを**文のねじれ**と言います。文のねじれを防ぐためには、主語と述語の関係に注意しながら文を短く簡潔に書くこと、視点に合った動詞を選ぶこと、呼応表現に気をつけることが大切です。

例）・× コミュニケーションで<u>大切なことは</u>、相手の立場に立って<u>考えよう</u>。

→ ○ 考える<u>ことである</u>。

・× 母に遊びに<u>行かせてくれず</u>、家に帰ったらすぐに宿題を<u>させられた</u>。

→ ○ （**私は**）母に遊びに**行かせてもらえず**、…（私は母に）宿題を**させられた**。

→ ○ **母は**（私を）遊びに**行かせてくれず**、…（母は私に）宿題を**させた**。

 表現練習

1. 【視点】次の文の（　　　　）のうち、適切なものを選んでください。

① オリンピックとは、４年に１回（ 行う ・ 行われる ）スポーツの祭典である。

② インターネットで検索すれば、欲しい情報は簡単に（ 見つける ・ 見つかる ）。

③ 専門家は食物アレルギーの人の数が増加傾向にあると（ 指摘している ・ 指摘されている ）。

④ 日本では、急速な少子高齢化による労働力不足が大きな問題と（ している ・ なっている ）。

⑤ 地球温暖化を（ 促進される ・ 促進させる ）温室効果ガスの排出量の削減は、重要な課題である。

2. 【呼応表現】下線の表現を改善してください。

筆者が人生で最も大切だと考えるものは、①時間だと思う。なぜなら、時間というものはだれもが平等に ②与えられている。年を取るにつれ、時間が経つのが ③早い。どうすれば限られた時間を有効に ④利用できるを考えたい。我々が限りある時間を有効に活用するには、時間の大切さを ⑤認識する。

 書いてみよう

教育をめぐる問題をテーマにして書きましょう。

テーマの例　　・「大学を無償化すべきか」

　　　　　　　・「中学校・高校での部活動はなくすべきか」

　　　　　　　・「日本は９月入学にすべきか」

アウトラインの例　　　　　　　　　　　　　　　　　　　　字数：800 字程度

はじめ	立場の表明	テーマに関する自分の主張とその根拠を述べる。
なか	反論／根拠の強化（反論への反論）	対立する立場の主張も検討し、それに対して反論して根拠を強化する。
おわり	結論の提示	もう一度、自分の主張を述べる。

書くときの ポイント

視点、文のねじれや呼応表現に気をつけて書きましょう。

教育格差の是正（ぜせい）

書く前に

次の新聞記事は、教育学の専門家が教育格差の是正について述べたものです。文章全体の論点と各段落、各文の働きを考えながら読んでください。

教育の格差是正

教育学者・東京外国語大学教授

岡田　昭人（おかだ　あきと）

「結果の平等」視点持って

大学医学部での不正入試が相次いで発覚したことは、記憶に新しい。卒業生の子どもなどに加点する一方で、女子や浪人生が不利になるような点数操作がされた。求められるのは、教育における「結果の平等」という観点からの対策だろう。

教育における「機会の平等」とは、機会が人種や性別、経済的地位などにかかわりなくすべての人に開かれていることだ。それに対し「結果の平等」とは、機会の平等が保障されたとしても少数民族や女性など歴史的、構造的に差別されてきた人々とそうでない人々との間には教育格差が生じるため、前者に対して何らかの優遇措置をとることをさす。スタートではなく、ゴールにおける平等である。

米国で1960年代から導入された「アファーマティブ・アクション（積極的差別是正措置）」は、結果の平等を図ろうとした一例である。能力のある人種的少数派の学生などに対して、大学入試で特別な合格枠を設けたり、合格基準を低く設定したりするなどの優遇措置がとられた。英国では、貧困地区にある学校では合格基準を緩めたり、給付型奨学金の額を上げたりするなどの措置に加え、優秀な教師を派遣し、学習環境を改善するなどの施策も導入された。

それに比べると日本では、「結果の平等」を重視する意識はまだ広がっていない。背景には、教育達成を各人の努力の結果とみなし、生まれ育った環境など本人以外の要因のせいにすることを問題視する精神土壌がある。「結果の平等」の視点が後退してしまいがちなのである。

だが近年、日本で教育格差が拡大していることが明らかになっている。教育格差が放置されれば、社会は不安定化していく。教育結果の「バランス」を均衡させる政策を導入していくべきだろう。たとえば医学部入試はもともと、裕福な層に有利な状況になっている。それを踏まえて、不利な状況にある人々に対し給付型奨学金の額を上げたりするなどの措置を導入していくべきだ。

男女間の平等への取り組みとしては、医学部や理工系、医学生命科学系学部に関心を持つ女性志願者に受験を積極的に推奨することを提唱したい。過去の女性入学者が少なかったことを理由に受験・進学を躊躇する必要がないとの認識を、進路指導の中で明確にしなければならない。

これらの学部を持つ大学を中心に、学長や理事、学部長などの上級職に女性を積極的に起用することも望まれる。女性の比率が十分な水準に達するまでの間は、暫定的に女性枠を設けることも必要である。

固定的な男女二分論を突き崩すことを通じて、個々人が自らの意思で進路を選択し、能力を発揮できる社会へ近づいていくべきである。

2019年5月18日　朝日新聞

■確認しよう

以下の見出しのことばを使い、必要なことばを補って、筆者の主張を１文で表してください。

　教育の格差是正　　「結果の平等」　　視点（を）持って
　　　　　　　　　　　　　　　　　　　　してん

≫ 考えよう

１．各段落はそれぞれどのような働きをしていますか。例のように書いてください。

　【第１段落】　例）背景情報（最近のニュース）→ 主張

　【第２段落】

　【第３段落】

　【第４段落】

　【第５段落】

　【第６段落】

　【第７段落】

　【第８段落】　例）まとめの主張

２．主張・提案、定義、例示、比較・対比、問題点の指摘をするために、それぞれどのよ
　　ていあん　ていぎ　　　ひかく　　　　してき
　　うな表現が使われていますか。

　主張・提案：

　定義：

　例示：

　比較・対比：

　問題点の指摘：

1. 段落と文の働き

80 ページの記事は、段落がどのようにつながって論理が展開しているか、確認しましょう。

　大学医学部での不正入試が相次いで発覚したことは、記憶に新しい。卒業生の子どもなどに加点する一方で、女子や浪人生が不利になるような点数操作がされた。求められるのは、教育における「結果の平等」という観点からの対策だろう。

◀第1段落
【背景情報（最近のニュース）と主張】

　教育における「機会の平等」とは、教育を受ける機会が人種や性別、経済的地位などにかかわりなくすべての人に開かれていることだ。それに対し「結果の平等」とは、機会の平等が保障されたとしても少数民族や女性など歴史的、構造的に差別されてきた人々とそうでない人々との間には教育格差が生じるため、前者に対して何らかの優遇措置をとることをさす。スタートではなく、ゴールにおける平等である。

◀第2段落
【教育の「機会の平等」と「結果の平等」の定義】

　米国で1960年代から導入された「アファーマティブ・アクション（積極的差別是正措置）」は、結果の平等を図ろうとした一例である。能力のある人種的少数派の学生などに対して、大学入試で特別な合格枠を設けたり、合格基準を低く設定したりするなどの優遇措置がとられた。英国では、貧困地区にある学校に優秀な教師を派遣し、学習環境を改善するなどの施策も導入された。

◀第3段落
【米国と英国における「結果の平等」の例示】

　それに比べると日本では、「結果の平等」を重視する意識はまだ広がっていない。背景には、教育達成を各人の努力の結果とみなし、生まれ育った環境など本人以外の要因のせいにすることを問題視する精神土壌がある。「結果の平等」の視点が後退してしまいがちなのである。

◀第4段落
【日本の現状とその要因】（比較）

　だが近年、日本で教育格差が拡大していることが明らかになっている。教育格差が放置されれば、社会は不安定化していく。教育結果の「バランス」を均衡させる政策を導入していくべきだろう。たとえば医学部入試はもともと、裕福な層に有利な状況になっている。それを踏まえて、不利な状況にある人々に対しては合格基準を緩めたり、給付型奨学金の額を上げたりするなどの措置を導入していくべきだ。

◀第5段落
【問題点の指摘と提案①（貧富の差に対する取り組み）】（例示）

男女間の平等への取り組みとしては、医学部や理工系、医学生命科学系学部に関心を持つ女性志願者に受験を積極的に推奨することを提唱したい。過去の女性入学者が少なかったことを理由に受験・進学を躊躇する必要がないことを、進路指導の中で明確にしなければならない。

◀第6段落
【提案②（男女平等への取り組み）】

　これらの学部を持つ大学を中心に、学長や理事、学部長などの上級職に女性を積極的に起用することも望まれる。女性の比率が十分な水準に達するまでの間は、暫定的に女性枠を設けることも必要である。

◀第7段落
【提案③（女性の少ない学部を持つ大学における上級職への女性の起用）】

　固定的な男女二分論を突き崩すことを通じて、個々人が自らの意思で進路を選択し、能力を発揮できる社会へ近づいていくべきである。

◀第8段落
【まとめの主張】

　小論文やレポートでは、必要に応じて、専門用語や特別な意味で用いる用語を定義してから議論に入ります。重要な語について、読み手が誤解したまま読み進めたり、意味が明白でないまま読み進めたりする可能性がある場合は、初めの段階できちんと定義しておく必要があります。

　また、現代社会の問題点や先行研究の問題点を指摘したうえで、その改善方法や新しい研究の必要性を述べるという論じ方がよく見られます。そして、詳述（説明、根拠、情報提供）の段落では、具体例を示したり、異同を比較したり、因果関係を明らかにしたりすることによって、説得力のある議論を組み立てます。

2．主張・提案、定義、例示、比較・対比、問題点の指摘の表現
82 〜 83 ページの下線の表現とその機能を確認しましょう。

① 主張・提案：求められるのは、〜だ（ろう） ／ 〜べきだ（ろう） ／ 〜を提唱したい ／ 〜なければならない ／ 〜ことも望まれる ／ 〜ことも必要である ／ 〜べきである

② 定義：〜とは、〜（の）ことだ ／ 〜ことをさす

③ 例示：〜は〜（の）一例である ／ たとえば

④ 比較・対比：それに対し ／ （英国）では ／ 〜に比べると（日本）では

⑤ 問題点の指摘：〜ことが明らかになっている

以下の例文を参考にして、下線の表現を用いた文を自由に作りましょう。

① 主張・提案
　例）批判的思考力を養うためには、知識詰め込み型の教育を見直すことが必要である。
　　　批判的思考力を養うためには、知識詰め込み型の教育を見直す必要がある／べきであろう。

　　＿＿＿＿＿＿＿＿＿＿＿＿＿＿＿ためには、＿＿＿＿＿＿＿＿＿＿＿＿＿必要がある。

② 定義と分類
　例）中等教育とは、教育を初等教育、中等教育、高等教育の３段階に分けて捉えた際の第２段階の教育をさす。日本では、中学校の３年間と高等学校の３年間に分かれている。
　　　義務教育とは、すべての国民が子どもに受けさせなければならない教育のことで、日本では初等教育の６年間と中等教育の前期に当たる３年間の９年間である。

　　＿＿＿＿＿＿＿＿＿＿＿とは、＿＿＿＿＿＿＿＿＿＿＿＿＿＿＿ことである。

③ 例示
　例）留学生の視点で見ると、日本の就職活動には独特だと思われることが多い。その一例として、リクルートスーツが挙げられる。
　　　留学生の視点で見ると、＿＿＿＿＿＿＿＿＿＿＿＿＿＿＿＿と思われることが多い。
　　　その一例として、＿＿＿＿＿＿＿＿＿＿＿＿＿＿＿が挙げられる。

④ 比較・対比
　例）国立や公立の学校と比較すると、私立の学校は一般的に学費が高い。
　　　＿＿＿＿＿＿＿＿＿＿と比較すると、＿＿＿＿＿＿＿＿＿は＿＿＿＿＿＿＿＿＿。

⑤ 問題点とその背景の指摘
　例）最近の調査で、教員志望者が減少傾向にあることが明らかになっている。その背景には、教員の過重労働の問題があると言われている。
　　　＿＿＿＿＿＿＿＿＿＿＿＿＿＿＿＿＿＿＿ことが明らかになっている。
　　　その背景には、＿＿＿＿＿＿＿＿＿＿＿＿＿＿＿＿がある。

以下の新聞記事には、グローバル社会における日本の教育に関する見解が示されています。

1. 第1段落はどのような働きをしていますか。また、文末表現にはどのような特徴がありますか。

2. 筆者の主張は何ですか。本文の中から主張を端的に表している1文を見つけてください。

3. 筆者の主張と反対の立場の主張に言及している文を2つ見つけてください。どのような特徴がありますか。

日本語教育が国際人材育てる

米国 MD アンダーソンがんセンター博士研究員
井上彬

我が国ではグローバル社会に対応するため、英語教育の早期化が推進されている。2011年度から小学校で新学習指導要領が全面実施され、5、6年生で年35単位時間の「外国語活動」が必修化された。さらに20年の東京五輪を見据え、文部科学省の有識者会議で「グローバル化に対応した英語教育改革実施計画」が議論されている。

私はこの方向性に強い違和感がある。なぜなら「英語が話せること」と「グローバル化に対応すること」とは本質的に異なると考えるからである。確かにコミュニケーションの手段としての英語の重要性を否定はしない。しかし、あくまでも手段であり、目的ではない。「グローバル化」という表面的な理念の下で中途半端な英語教育がやみくもに加速され、母国語である日本語の教育がおざなりになってしまうのではないかという危機感すら覚える。

現在、私は米国テキサス州にある MD アンダーソンがんセンターで博士研究員として、がんの基礎研究に従事している。研究室のメンバーの出身はイタリア、イラン、カナダ、トルコ、ドイツ、米国、中国と国際色豊かであり、彼らと議論する中で気が付いたことがあった。それは彼らが決して流ちょうな英語を話している訳ではなく、それよりも個人のアイデアやビジョンを重視していることである。

基礎医学研究の分野で英語が共通言語であるのは事実である。しかし海外から日本という国を客観視する機会を得て、これまでの日本人の一流研究者がそうであったように、論理的かつ独創的なアイデアとビジョンを持って競争的環境を勝ち抜く能力が何よりも重要であるとあらためて痛感した。

グローバル社会で活躍する上で重要な資質は、論理的な思考力や洞察力、豊かな創造力であり、それらは主に母国語によって培われるものである。また、幼少期から青年期は言葉を通じて個人のアイデンティティーが形成される重要な時期でもある。したがって初等教育では正しい日本語の読み書きをしっかり学び、そして日本語で物事を論理的に考え、伝える能力を養うことが先決だと考える。

英語教育を推進する前に、むしろ日本語による基礎教育を充実させるべきだと思う。それこそが国際社会で真に活躍できる人材の育成につながり、天然資源の少ない日本の科学技術の将来をひらくのではないか。

2016年10月21日　日本経済新聞（編集の都合上ルビを付加）

解答例と解説

1．第 1 段落の働きと文末表現

第 1 段落は、「〜が推進されている」「〜が全面実施され、〜が必修化された」「〜が議論されている」という受身形を使い、「我が国」（日本）の英語教育の現状について、「どうなっているか」「どうなったか」を説明しています。「だれが何をしているのか／したのか」ではなく、「何がどうなっているのか／どうなったのか」に着目したいときは、受身形や自動詞が使われます。

受身形

例）・新型コロナウイルスの感染拡大への対策として、新しい生活様式が提唱されている。
　　・現在、地球温暖化を防止するために、各国でさまざまな取り組みが行われている。

自動詞

例）・インターネットの普及にともない、ニュースもインターネットで見るという人が増加している。
　　・2020 年度に多くの大学でオンライン授業が始まった。

2．筆者の主張

筆者の主張を端的に表している 1 文は、最終段落の「英語教育を推進する前に、むしろ日本語による基礎教育を充実させるべきだと思う。」です。この文には、キーワードとなる「英語教育」と「日本語」の両方が含まれています。

第 2 段落の最初の文「私はこの方向に強い違和感がある。」も主張の文ですが、「この方向」の内容（第 1 段落全体の内容：英語教育の早期化、「外国語活動」の必修化、「グローバル化に対応した英語教育改革実施計画」の議論）を補わなければ主張が伝わりません。

3．筆者の主張と反対の立場の主張に言及している文

①第 2 段落「確かにコミュニケーションの手段としての英語の重要性を否定はしない。」
②第 4 段落「基礎医学研究の分野で英語が共通言語であるのは事実である。」
どちらの文も「〜を否定はしない。しかし、〜」「〜であるのは事実である。しかし〜」という表現で反対の主張をいったん認め、すぐに「しかし」で反駁する形になっています。

書いてみよう

80ページの記事には日本における「教育格差」、85ページの記事には「国際人材（グローバル人材）育成」の問題と提言が述べられています。みなさんの国にも、同じような問題はありますか。格差社会、グローバル化する社会において、どのような教育が必要か、自分のよく知っている国や地域の現状を踏まえて論じてください。

アウトラインの例　　　　　　　　　　　　　　　　　　　字数：1,000字程度

序論	・格差社会やグローバル社会に関連する教育問題の現状または背景を述べる。 ・何について論じるのか、論点を明確にする。または結論（主張、提案）を述べる。
本論	・論点について具体的に詳述する。必要に応じて、用語の定義や分類、例示、他国との比較などをする。 ・問題を解決するためにどうすべきか、自分の考えを述べる。
結論	・全体をまとめ、結論を述べる。

書くときの ポイント
段落と文の働きを意識して書きましょう。

ワンポイント ❗ 発表用資料
はっぴょうよう し りょう

授業や研究会で発表する際、聞き手の理解を助けるために、レジュメの配布やスライドの投影をします。**レジュメ**は「ハンドアウト」とも呼ばれ、説明や例など、多くの情報を入れることができます。**スライド**は見出しごとに１枚ずつ使い、キーワードを中心に簡潔にまとめます。フォントの大きさや色、アニメーションの使い方にも気をつけましょう。

レジュメの例

```
日本語学基礎
 科目名               カタカナ語の問題点
                  発表タイトル      発表日  2020 年 7 月 21 日
 見出し                        発表者氏名  ラヴィ・ガンディー
１．カタカナ語の定義      『三省堂国語辞典 第七版』（2014）より
    カタカナで書かれる語。おもに外来語。
    →外来語：もと外国語だったものが、日本語の中にとり入れられたことば。
          おもに欧米から直接つたわったことば。カタカナで書く。
          例：パン、スキー
    ※和製英語：日本語の中で使っていることば。
          作り方 ①英語の単語をつなぎあわせる。  例：バック＋ミラー
              ②英語らしく作る。  例：ナイター、パネラー
２．定義以外のカタカナ語 〈省略〉
３．カタカナ語利用による問題点 〈省略〉
参考文献
  『三省堂国語辞典 第七版』（2014）三省堂
```

スライドの例

```
１．カタカナ語の定義    『三省堂国語辞典 第七版』（2014）より

カタカナで書かれる語。おもに外来語。
→外来語：もと外国語 （例）パン、スキー
※和製英語：日本語の中で使っていることば
作り方 ①英語の単語をつなぎあわせる （例）バック＋ミラー
    ②英語らしく作る （例）ナイター、パネラー
```

> 発表タイトルや発表日、発表者氏名は
> スライドの１枚目にまとめて書く

◆通し番号と「見出し」を書いて内容を整理する。

◆「ふつう体」で書く（「だ／である」は省略する）。

◆短い文で簡潔に書くか箇条書きにする。

◆記号（：→ ＝・など）や数字を使って見やすくする。

◆写真やイラストを載せる場合も出典を示す（または著作権フリーのものを利用する）。

◆書式や枚数について教員の指示がある場合、それにしたがう。

◆発表のときは、「ふつう体」を「ていねい体」に変えて話す。

第 5 課
ニュース

関心のあるニュースを紹介する
かん しん しょうかい

毎日世界中からさまざまなニュースが飛び込んできますね。最近、どのようなニュースに
と こ さいきん
関心をもちましたか。引用しながら紹介してみましょう。
かんしん いんよう

 ## この課で学習すること

	トピック	学習項目 こうもく
★ Step1	ニュースの紹介 「最も印象に残ったニュース」 もっと いんしょう のこ	言語表現を整える① ひょうげん ととの 助詞・引用のスタイル じょし いんよう
★★ Step2	新聞記事の紹介 きじ 「レジ袋の有料化」 ふくろ ゆうりょうか	言語表現を整える② 引用の表現
★★★ Step3	複数の記事の検討 ふくすう きじ けんとう 「高齢者の運転免許返納制度」 こうれいしゃ うんてんめんきょへんのうせいど	内容・構成を磨く ないよう こうせい みが 客観的な根拠としての引用 きゃっかんてき こんきょ

ニュースの紹介 「最も印象に残ったニュース」

書く前に

① ふだん、どのようなニュースに関心がありますか。

② 最近のニュースの中で、ほかの人に紹介したいものは何ですか。

③ なぜそのニュースを選びましたか。

④ そのニュースについて、詳しく調べて意見を述べましょう。

⑤ 下の図は、2019年の最も印象に残ったニュースに関するアンケート調査の結果を表したものです。今年同じ調査をしたら、どのようなニュースがベスト5に入ると思いますか。

2019年最も印象に残ったニュースランキング

1	改元	36票
2	台風被害	20票
3	ラグビーW杯	14票
4	消費増税	13票
5	働き方改革	13票

n=203
※2019年12月ワークポート調べ

❀ WORKPORT

図1　2019年最も印象に残ったニュースランキング

株式会社ワークポート調べ

 考えよう

次の文章は、「最も印象に残ったニュース」というテーマで書かれたレポートの一部です。
下線の表現をアカデミック・スタイルにしてください。不要な場合は削除してください。

最も印象に残った 2019 年のニュース
―消費増税―

ロベルト・ロッシ

1．はじめに

　日本人を対象とした「2019 年最も印象に残ったニュースは何か」という調査によると、最も多かった回答は「改元」だった ¹⁾ <u>そうだ</u>。改元とは、日本の時代を表す元号が替わることである。2019 年 5 月 1 日に新しい天皇に替わり、時代は「平成」から「令和」になった ²⁾ <u>よ</u>。確かに、これは大変大きいニュースだが、筆者にとって最も印象に残ったのは消費増税 ³⁾ についてのニュースである。そこで、本レポートでは日本と筆者の国イタリアの消費税と、その社会的影響を考察する。

2．日本の消費税

　財務省のホームページを調べて ⁴⁾ <u>みたら</u>、「消費税率の引上げ分は、すべての世代を対象とする社会保障のために使われます」⁵⁾ <u>って</u> ⁶⁾ <u>書かれていた</u>。つまり、年金・介護・医療・育児 ⁷⁾ <u>なんか</u>のために使われる ⁸⁾ <u>みたいだ</u>。日本の消費税は、2019 年 10 月 1 日に 8% から 10% になった ⁹⁾ <u>けど</u>、すべて 10% ではなく、8% のものも ¹⁰⁾ <u>あるし</u>、10% のものもあるし、計算が複雑になった。例えば、食料品は 8% であり、お酒 ¹¹⁾ <u>とか</u>外食とかは 10% である。また、内税の場合は表示価格に税が ¹²⁾ <u>含まれていたり</u>、外税の場合は表示価格とは別に払ったり</u>している。

3．イタリアの消費税

　イタリア ¹³⁾ <u>で</u>日本の消費税にあたるのは付加価値税（VAT）であり、22% である。しかし、内税 ¹⁴⁾ <u>なので</u>気づいていない人が多い。日本貿易振興機構（JETRO）によると、イタリアには日本と同じように軽減税率があり、次の品目に対して適用される。

- a．10%：家畜、食肉、ハム、建物、小麦粉、コメ、薬、肥料、観葉植物、果物、鮮魚、映画、卵、酢、砂糖など。
- b．4%：紅茶、医療補助器具、生鮮野菜、牛乳、マーガリン、チーズ、バター、書籍、新聞、オリーブ油、パン、パスタなど。

　このグループ分けを見ると、主に生活必需品の税率が低くなっていることがわかる。しかし、治療のために必要な薬や、毎日料理に使う卵が 10% なのはなぜ ¹⁵⁾ <u>かな</u>。このように品目によって税率が異なること ¹⁶⁾ について、ほとんどの人は深く考えていない。

4．消費増税の社会的影響　〈省略〉

5．おわりに　〈省略〉

引用文献　〈省略〉

最も印象に残った 2019 年のニュース
―消費増税―

ロベルト・ロッシ

1．はじめに

　日本人を対象とした「2019 年最も印象に残ったニュースは何か」という調査によると、最も多かった回答は「改元」だった [1] そうだ。改元とは、日本の時代を表す元号が替わる
　　　　　　　　　　　　　　　という（ことである）
ことである。2019 年 5 月 1 日に新しい天皇に替わり、時代は「平成」から「令和」になった [2] よ。確かに、これは大変大きいニュースだが、筆者にとって最も印象に残ったのは消費増
税 [3] についてのニュースである。　〈中略〉
　　に関する
　　かん

2．日本の消費税

　財務省のホームページを調べて [4] みたら、「消費税率の引上げ分は、すべての世代を対象
　　　　　　　　　　　　　　　　みたところ
とする社会保障のために使われます」[5] って [6] 書かれていた。つまり、年金・介護・医療・
　　　　　　　　　　　　　　　　　と　　　述べられていた
育児 [7] なんかのために使われる [8] みたいだ。日本の消費税は、2019 年 10 月 1 日に 8% か
　　　など　　　　　　　　　　という（ことである）
ら 10% になった [9] けど、すべて 10% ではなく、8% のものも [10] あるし、10% のものもあ
　　　　　　　　が　　　　　　　　　　　　　　　　　　あり
るし、計算が複雑になった。例えば、食料品は 8% であり、お酒 [11] とか外食とかは 10% で
あるため　　　　　　　　　　　　　　　　　　　　　　　　や　　　　　など
ある。また、内税の場合は表示価格に税が [12] 含まれていたり、外税の場合は表示価格とは別
　　　　　　　　　　　　　　　　　　含まれ
に払ったりしている。
　払うなど

3．イタリアの消費税

　イタリア [13] で日本の消費税にあたるのは付加価値税（VAT）であり、22% である。しかし、
　　　　において
内税 [14] なので気づいていない人が多い。　〈中略〉
　　　のため／であるため／であることから
　このグループ分けを見ると、主に生活必需品の税率が低くなっていることがわかる。しかし、治療のために必要な薬や、毎日料理に使う卵が 10% なのはなぜ [15] かな。このように品
　　　　　　　　　　　　　　　　　　　　　　　　　　　　　　　だろうか
目によって税率が異なること [16] について、ほとんどの人は深く考えていない。
　　　　　　　　　　　に関し（て）

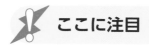
ここに注目

ここでは、「助詞・引用の表現」のアカデミック・スタイルを学習します。

	やわらかい表現	かたい表現	用例
助詞	5) 〜って（いうのは）	〜とは	就活とは、「就職活動」の略語である。
	7) 〜なんか	〜など	この店ではタブレットなどがよく売れている。
	11) 〜とか〜とか	〜や〜など	日本はサッカーや野球などの人気が高い。
	13) 〜で V	〜において V	東京においてオリンピックが開催される。
	〜での N	〜における N	東京におけるオリンピック開催が延期された。
	16) 〜について V	〜に関して V	ストレスに関して調査する。
	〜についての N	〜に関する N	ストレスに関する調査を行う。
接続助詞	4) 〜たら…た	〜たところ…た	検索してみたところ、1,500 件の用例があった。
	9) 〜けど／ 〜けれど（も）	〜が	アンケート調査を行ったが、回答が少なかった。
	10) 〜し、〜し	連用中止形、〜ため	大雨が降り、風も強いため、試合は中止となった。
	12) 〜たり、〜たり	連用中止形、〜など	文献を調査し、仮説を立てるなどの方法で進めた。
	14) 〜ので／〜から	〜ため／〜ことから	梅雨は湿度が高いため、食中毒が発生しやすい。
	〜のに	〜にもかかわらず	雨にもかかわらず、試合が行われた。
終助詞	2) 〜よ。	（使わない）	多くの回答が集まったよ。
	15) 〜かな。	〜（だろう）か。	どちらを選んだほうがよいだろうか。
	〜ね。	（使わない）	それは大変興味深いね。
	〜の。	（使わない）	大変貴重な資料が発見されたの。
	〜んだ	〜のだ［である］	つまり、その計画は失敗に終わったのである。
引用の表現	1) 〜そうだ	〜という（ことである）	この新種の発見は世界で初めてであるという。
	8) 〜みたいだ	〜という（ことである）	改装中だった美術館が再開されるという。
	〜と書いている	〜と述べている／〜と報告［指摘］している	観光客が 100 万人を超えたと報告している。
	6) 〜と書かれている	〜と述べられている／〜と報告［指摘］されている	田中（1995）で述べられているように、この説には矛盾がある。

＊このほかの表現は「50 音順スタイル対照リスト」（157 〜 161 ページ）で確認しましょう。
＊完全に言い換えられない場合もあるため、文脈に合わせてふさわしい表現を選びましょう。

第5課
Step
1

❶ 助詞

・「〜とか」「〜って」：会話でよく使う表現ですが、アカデミック・ライティングでは使いません。

・「〜で」「〜について」：動詞に続くか名詞に続くかによって、それぞれ以下のように変わります。

例）

東京においてオリンピックが開催される。
　　（で）　　　　　　　　　　　動詞

ストレスに関して調査する。
　　　　（について）動詞

東京におけるオリンピック開催が延期された。
　　（での）　　　名詞

ストレスに関する調査を行う。
　　　（についての）名詞

・「〜けど」「〜し」などの接続助詞：文中にあるため、「かたい表現」にするのを忘れてしまうことが多いです。「〜ですけど」「〜ますし」などのように、接続助詞の前を「ていねい体」にすれば、発表のときには使えますが、アカデミック・ライティングでは「ふつう体」を使うので、使えません。

・**終助詞**：疑問を表す「〜か」以外は使えません。

❷ 引用の文末表現

「〜みたいだ」「〜そうだ」「〜と書いてある」「〜と言った／話した」は、アカデミック・スタイルではなく、レポートにふさわしくありません。レポートで使える代表的な表現に、「**〜という（ことである）**」「**〜と述べる**」があります。「述べる」は、「**述べている**」「**述べられている**」の形が主に用いられます。

 表現練習

1. 下線の表現をアカデミック・スタイルにしてください。

① クラスメートにインタビューをして<u>みたら</u>、賛成と反対はほぼ半数程度であった。

② スマートフォン使用の低年齢化が進んでいる<u>けど</u>、学校に持って行くことは禁止されている。

③ 大雪で交通機関が止まった<u>のに</u>、入学試験は予定通り行われた。

④ 東京<u>での</u>生活様式と大阪<u>での</u>生活様式は異なる場合がある。

⑤ ７月からレジ袋が有料になった<u>から</u>、エコバッグを持つ人が多くなった。

⑥ ボランティア活動<u>について</u>アンケートを行った。

⑦ サブスクっていうのは、「サブスクリプション（定額サービス）」の略であり、Netflix
が代表的である。

⑧ 休校の間、子どもたちは、宿題も多いし、外にも出られないし、ストレスがたまって
いた。

⑨ オンライン授業は、Zoom を使ったり、ファイルや動画を配信したり、さまざまな方
法で行われている。

⑩ 東海地方では、１日で１か月分の雨が降ったそうだ。

2. アカデミック・ライティングにふさわしくない表現を見つけて線を引き、例のように
直してください。

例：データの調査には、省庁なんかのサイトが参考になる。
　　　　　　　　　　　　など

① ラグビー W 杯の試合が調布市の味の素スタジアムで行われた。
② タブレットには、iPad とか surface とかメーカーによってさまざまある。
③ オンライン授業によって生じるストレスについての調査を行った。
④ 記事によると、2019 年の訪日外国人数は、3,188 万人だったみたいだ。
⑤ 2019 年の日本の出生率は 1.36 で、前年より 0.06 ポイント低下したと書かれている。

第5課 Step 1

📝 書いてみよう

関心のある日本や世界のニュースについて、そのニュースを紹介したい理由・ニュースの
意義・自分の意見について、適切に引用しながら書きましょう。最後に引用した資料の出
典（タイトル・発行日・ウェブサイトの場合は URL）を書いてください。

アウトラインの例
字数：800 字程度

はじめ	動機	選んだニュースを紹介し、選んだ理由を説明する。
なか	分析	ニュースを詳しく説明する。背景、一般的な意見などを述べる。
おわり	考察	自分の意見や紹介する意義について述べる。

書くときの ポイント
助詞と引用の文末表現のスタイルに気をつけて書きしましょう。

書く前に

① ふだん新聞を読みますか。どのような記事に関心がありますか。

② 以下は新聞に掲載された社説です。この記事を紹介するレポートを書く場合、どの情報を使いたいですか。線を引きましょう。

レジ袋の有料化　プラごみ削減への第一歩に

　便利なプラスチック製品が日常にあふれ、プラスチックごみの排出は地球規模の問題になっている。できる限り使用量を減らす努力が必要だ。

　1日からプラスチック製のレジ袋が原則、有料になった。スーパーやコンビニで買い物をする際、当たり前のようにもらっていた袋に1枚あたり2〜5円ほどの料金がかかる。これまでの環境政策の中でも大きな一歩と言えよう。

　レジ袋代の使途は決められていないが、環境保護にあてる業者もいる。こうした姿勢は、利用者の理解を得る上で大切だ。

　有料化の背景には、深刻な海洋汚染がある。プラごみは腐らず、世界中の海岸に漂着する。クジラや海鳥の胃の中からも見つかった。波や日光で細かく砕かれたマイクロプラスチックが生態系に与える影響も懸念されている。

　欧州各国は、すでにレジ袋を規制している。日本でも富山県や山梨県は2008年、先行して有料化に踏み切った。その後、他の県や市区町村にも広がり、独自に導入したスーパーなどもある。こうした流れに弾みをつけたい。

　今回、植物由来のバイオマス素材が25％以上含まれる袋などは、環境に与える負担が小さいとして有料化の対象にならなかった。

　牛丼チェーンの吉野家や日本マクドナルドなどは、素材を切り替えて無料提供を続けるという。店頭の混乱を避け、手際よく顧客に対応したいという事情がある。

　新型コロナウイルスの流行で、衛生面からマイバッグよりもレジ袋の方がいいと感じる消費者もいる。各企業は業態や店舗に応じて、適切な対応を考えてほしい。

　プラごみ問題の根は深い。レジ袋は排出量全体のわずか2％程度にすぎないからだ。有料化はプラごみ対策のごく一部だという認識を持つことが重要だろう。

　食品の包装や容器、ペットボトル、家電製品などについて、プラスチックの使用量を減らしたり、リサイクルしたりする取り組みを一層進めることが欠かせない。

　長期的には、分解しやすく、環境に負荷をかけないプラスチックを、低コストで生産できる技術の開発が求められよう。

　プラスチックは石油から作られる。焼却すれば二酸化炭素を出して地球温暖化を招いてしまう面があることを忘れてはならない。

　日本はプラごみの1人当たりの排出量が、米国に続いて世界で2番目に多い。レジ袋の有料化を、プラスチックに頼った生活スタイル見直しのきっかけにしたい。

2020年7月2日　読売新聞（編集の都合上ルビを付加）

 **考えよう**

次の文章は、「関心のある記事を紹介する」という課題に基づいて書かれたレポートの一部です。下線の表現を改善してください。

レジ袋の有料化

カモラ・カブロヴァ

１. 記事を選択した理由

　本レポートでは、2020年7月1日から始まったレジ袋有料化に関する記事を紹介したい。この記事を選んだ理由は、レジ袋の有料化はだれもが日常的に直面する問題であり、日本だけでなく世界的に関心の高い地球環境問題に対する取り組みの一つだからである。そこで、記事をもとにレジ袋の有料化の意義に関して考察する。

２. 記事の紹介

　これまで無料でもらえたプラスチック製のレジ袋が7月1日からほとんどの店で有料になった。読売新聞では、スーパーやコンビニで買い物をする際、当たり前のようにもらっていた袋に1枚あたり2〜5円ほどの料金が ¹⁾ かかる。海洋汚染の原因となるマイクロプラスチックごみ対策の一環 ²⁾ である。レジ袋や包装、魚や肉のトレイなどの容器、ペットボトルなどのプラスチック製品は便利だが、それがごみとなり大量に排出されていることが地球規模の問題になっている。そのため、できる限り使用量を減らす努力が ³⁾ 必要である。レジ袋の有料化という取り組みに対してはさまざまな意見があり、地球に優しい対策だと積極的に協力する人がいる一方、エコバックを持ち歩くのは面倒で不便だという人もいるようである。今後は衛生面からレジ袋のほうが安全だということも注目されるだろう。

３. 考察

　記事は、欧州各国がすでに規制している ⁴⁾ と指摘されているが、筆者の国ウズベキスタンにおいてもすでに同様の取り組みが実施されている。日本でも富山県や山梨県が2008年に先行して ⁵⁾ 有料化に踏み切ったが、国としての対策は世界的に遅れていると言える。〈中略〉
　レジ袋の削減目標を達成すると同時に、衛生面からも安心して便利に使えるように、バイオマス素材が25％以上含まれ、環境に影響のないレジ袋が普及することも期待される。

参考資料

社説「レジ袋の有料化　プラごみ削減への第一歩に」『読売新聞』2020年7月2日　朝刊3面

改善例

レジ袋の有料化

カモラ・カブロヴァ

1.記事を選択した理由

　本レポートでは、2020年7月1日から始まったレジ袋有料化に関する記事を紹介したい。この記事を選んだ理由は、レジ袋の有料化はだれもが日常的に直面する問題であり、日本だけでなく世界的に関心の高い地球環境問題に対する取り組みの一つだからである。そこで、記事をもとにレジ袋の有料化の意義に関して考察する。

2.記事の紹介

　これまで無料でもらえたプラスチック製のレジ袋が7月1日からほとんどの店で有料になった。読売新聞では、∧　スーパーやコンビニで買い物をする際、当たり前のようにもらっ「
ていた袋に1枚あたり2～5円ほどの料金が [1] かかる　∧　。海洋汚染の原因となるマイクロ」と述べられている
プラスチックごみ対策の一環 [2] である　∧　。レジ袋や包装、魚や肉のトレイなどの容器、ペッという（ことである）
トボトルなどのプラスチック製品は便利だが、それがごみとなり大量に排出されていることが地球規模の問題になっている。そのため、できる限り使用量を減らす努力が [3] 必要である
∧　。レジ袋の有料化という取り組みに対してはさまざまな意見があり、地球に優しい対策だと言われている
と積極的に協力する人がいる一方、エコバックを持ち歩くのは面倒で不便だという人もいるようである。今後は衛生面からレジ袋のほうが安全だということも注目されるだろう。

3.考察

　記事は、欧州各国がすでに規制している [4] と指摘されているが、筆者の国ウズベキスタンと指摘している
においてもすでに同様の取り組みが実施されている。日本でも富山県や山梨県が2008年に先行して [5] 有料化に踏み切った　∧　が、国としての対策は世界的に遅れていると言える。という／とのことである
〈中略〉

　レジ袋の削減目標を達成すると同時に、衛生面からも安心して便利に使えるように、バイオマス素材が25％以上含まれ、環境に影響のないレジ袋が普及することも期待される。

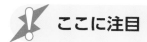 **ここに注目**

◆ 引用

レポートは、自分の意見だけを書くものではありません。自分の意見の根拠や支えとなるような客観的な情報（ほかの人の意見・公開されているデータ・資料）が必要になります。自分の文章にほかの人が発表した文章や公開されている資料・データなどを、出典を示したうえで取り込むことを**引用**といいます。**事実**、**自分の意見**、**引用**（ほかの人の文・公開されているデータ）はそれぞれ区別する必要があります。

> **注意** ほかの人の文章・データを自分の文章として、自分の考えや自分で調べたことのように書くことは、決してしてはいけないことです。「剽窃」という不正行為となり、退学や単位の取り消しなど厳しい処分があります。引用であることがわかるように、以下の方法で区別して書きましょう。

引用の方法には、大きく分けて**直接引用**と**間接引用**があります。間接引用は文を要約するため、「要約引用」と呼ばれる場合もあります。

❶ 直接引用

・引用する文が短い場合：そのまま「　　」の中に入れて示します。
・引用する文が長い場合：引用した文の**前後を1行ずつ空けて、行の頭を本文より2字程度下げて**、引用した文だとわかるようにしてください。
・どちらの場合も、**ことばを変えないで**そのまま書いてください。

❷ 間接引用

・引用する文が長い場合や内容をまとめたい場合、その文や内容を要約して示します。
・「　　」は原則、使いませんが、引用先の文で使っている場合、キーワードを強調したい場合など、わかりやすくする場合には使ったほうがよいときもあります。
・**要約**は、引用する文のキーワードを使うようにしましょう。
・要約した文が、引用先の文の意味と同じか、確認しましょう。

直接引用と間接引用の文型の例

引用を表す表現では、「述べた」のようなた形「～た」ではなく、「述べ<u>ている</u>」のように「～ている」の形を使うことが多いです。「述べている」のほかに、以下の表現もよく使われます。

「指摘している」「主張している」「説明している」「分析している」「考察している」
「予測している」「報告している」「反論している」

以下は、伊集院（2017）「作文と評価　日本語教育的観点から見たよい文章」の一部（pp.49-50）です。ここでは、大学の教員が大学生の作文を評価した結果、高い点数だった作文（高得点群）にどのような特徴が見られたか述べています。

　　例2に限らず、高得点群の論理展開にはいくつかの共通点が存在する。まず、「主張→根拠→主張」を核に、最初の主張の後か最後の主張の前に「譲歩→反論」が加わるパターンが典型的で、そのバリエーションとして冒頭に「背景」や「問題提起」が加わる構成がみられる。また、例1・2に下線で示したような接続表現、指示表現が有機的に結びついて論理展開がわかりやすいこと、自身の主張にとって不利な情報にも言及したうえで反論を加え、多角的な検討がなされることが高得点に結びついた要因となっている。

この文章を引用して書く場合の例を見てみましょう。

【短い文の直接引用】

ａ．伊集院（2017）によると、「高得点群の論理展開にはいくつかの共通点が存在する」という／ということである／とのことである。

ｂ．伊集院（2017）は「高得点群の論理展開にはいくつかの共通点が存在する」と述べている。

ｃ．伊集院（2017）では「高得点群の論理展開にはいくつかの共通点が存在する」と述べられている。

ｄ．「高得点群の論理展開にはいくつかの共通点が存在する」（伊集院 2017:49-50）ということが指摘されている。　　　　　　　　　　　　　　　　（著者の名前 発表年：ページ数）

【長い文の直接引用】

e．伊集院（2017:49-50）は、高得点を取得した作文の構成的特徴に関し、次のように述べている。

（2字分下げる）　　　　　　　　　　（1行空ける）

　　　まず、「主張→根拠→主張」を核に、最初の主張の後か最後の主張の前に「譲歩→反論」が加わるパターンが典型的で、そのバリエーションとして冒頭に「背景」や「問題提起」が加わる構成がみられる。

　　　　　　　　　　　　　　　（1行空ける）

作文の教材を開発する際は、このような「よい作文」に見られる特徴を考慮した練習を取り入れるとよいだろう。

【間接引用】

f．伊集院（2017）によると、高得点の作文は、接続表現や指示表現の有機的な結びつきによって論理展開がわかりやすく、譲歩と反論を加えた多角的な検討がなされているという（ということである／とのことである）。

g．伊集院（2017）は、…（引用する文の要約）…としている／述べている。

h．伊集院（2017）では、…（引用する文の要約）…と述べられている。

❸ 事実・一般的な事例を示す場合

事実や常識的なこと、一般的によく知られている周知の事例を示すときには、引用の文末表現を使いません。「**一般的に**」という副詞や、「**と言われ**ている／**と考えられ**ている」「**として知られ**ている」という文末表現が使われることがあります。

例）・今年の冬はインフルエンザが流行すると言われているので、ワクチン接種が必要だ。

　　・巣鴨は一般的に「おばあちゃんの原宿」として知られている。

❹ 参考文献の示し方

専門分野、大学、学会などで異なり、指定される場合があります。それぞれ確認してください。ここでは、示し方の一例を紹介します。

1) 書籍の場合

　著者名（出版年）『本のタイトル』出版社　…（1冊すべての場合）

　著者名（出版年）「タイトル」編著者名『本のタイトル』,出版社,掲載ページ.

　　…（論文や章など一部の場合）

　例）伊集院郁子（2017）「作文と評価：日本語教育的観点から見たよい文章」李在鎬（編著）

　　『文章を科学する』第3章,ひつじ書房,pp.38-57.

2) 論文の場合

著者名（出版年）「論文のタイトル」『論文の掲載されている論集の名前』巻号数　掲載ページ . 発行機関

例）井上次夫（2009）「論説文における語の文体の適切性について」『日本語教育』141 号 pp.57-67. 日本語教育学会

3) 新聞記事の場合

著者名「記事のタイトル」『新聞の名前』掲載年月日　朝刊か夕刊か　面（ページ）

例）岡田昭人「（私の視点）教育の格差是正『結果の平等』視点持って」『朝日新聞』2019 年 5 月 18 日　朝刊 15 面

4) インターネットの資料の場合

著者名・組織名（掲載された年）「ページのタイトル」『ウェブサイト名』URL（閲覧日）

例）財務省（2019）「消費税率引上げについて」『財務省』https://www.mof.go.jp/ consumption_tax/index.html（2020 年 7 月 21 日閲覧）

＊閲覧日は、日付のみを示す場合や、「閲覧」のかわりに「参照」「アクセス」などが使われる場合もあります。

 表現練習

1. 次の文の（　　）の中から、最も適切な表現を選んでください。

① 記事（により・によると・によって）、「豪州は動物の譲渡に関する基準が世界でもかなり厳格だ」とのことである。

② 記事では「豪州は動物の譲渡に関する基準が世界でもかなり厳格だ」と（指摘している・指摘されている）。

③ 記事は「豪州は動物の譲渡に関する基準が世界でもかなり厳格だ」と（報告している・報告されている）。

④ 伊集院（2017）によると、「文体の混用は評価を下げる一因となっている」と（述べている・いう・言われた）。

⑤ 伊集院（2017）は「文体の混用は評価を下げる一因となっている」と（分析された・分析している・分析されている）。

2.　以下の文は、a「事実」、b「意見」、c「引用」のどれにあたりますか。

①　（　　　　）日本の人口は 2020 年現在、約 1 億 2,581 万人である。

②　（　　　　）投票率が 50％ 以下なのは、若者が選挙に関心がないことが影響していると
考えられる。

③　（　　　　）国際交流基金の 2018 年度の調査によると、海外の日本語学習者数は約 385
万人とのことである。

④　（　　　　）サッカーの W 杯は、4 年ごとに開催されることになっている。

⑤　（　　　　）髙野（2017）は、文体の名称や区分は教科書や辞書によって異なっていると
指摘している。

3.　以下の文は、96 ページの記事の一部です。これを読んで、＿＿＿＿＿に適切な引用表現
を入れてください。

> 　プラごみ問題の根は深い。レジ袋は排出量全体のわずか 2％程度にすぎないからだ。
> 有料化はプラごみ対策のごく一部だという認識を持つことが重要だろう。
> 　食品の包装や容器、ペットボトル、家電製品などについて、プラスチックの使用量
> を減らしたり、リサイクルしたりする取り組みを一層進めることが欠かせない。
>
> 　　　　　　　　　　　　　　　　　2020 年 7 月 2 日　読売新聞（編集の都合上ルビを付加）

①　〈直接引用〉　記事によると「プラごみ問題の根は深い」＿＿＿＿＿＿＿＿＿＿＿＿＿＿。

②　〈直接引用〉　記事では「プラスチックの使用量を減らしたり、リサイクルしたりする取
り組みを一層進めることが欠かせない」＿＿＿＿＿＿＿＿＿＿＿＿＿＿＿。

③　〈間接引用〉　記事では、＿＿＿＿＿＿＿＿＿＿＿＿＿＿＿＿＿＿＿＿＿＿＿。

書いてみよう

関心のある日本や世界の記事について紹介するレポートを書きましょう。最後に参考文献
として、引用した記事の出典を適切に書いてください。

アウトラインの例　　　　　　　　　　　　　　　　　　　　字数：1,000 字程度

はじめ	動機	選んだ記事（タイトル・時期なども）を紹介し、選んだ理由を述べる。
なか	分析	背景や一般的な意見などを分析しながら、記事について詳しく説明する。
おわり	考察	紹介することにどのような意義があるか、自分の意見を述べる。

書くときの ポイント

記事を適切に引用し、「事実」「意見」「引用」の表現の区別に気をつけて書きましょう。

書く前に

下の文章は、次の〈課題〉に基づいて作成されたレポートです。課題の②③④がレポートの
                        もと
どの部分に現れているか、「引用」がどのような表現で示され、レポートの中でどのように
機能しているか、考えながら読んでください。

〈課題〉

以下の①から④にしたがってレポートを作成してください。

① 最近のニュースの中から関心があるテーマを選び、関連する記事(社説や有識者の
　　見解など)を複数探してください。その中から、レポートに使う記事を選んでくだ
　　さい。

② レポートの中で記事の要点を紹介し、そのテーマに関するあなた自身の主張・見解
　　を述べてください。

③ ①の記事やその他の資料(白書や論文)などから引用し、主張・見解を裏付ける根拠
                                                        こんきょ
　　を述べてください。

④ あなた自身の見解とは異なる主張・見解も批判的に検討してください。
　　　　　　　　　　 こと　　　　　　 ひはんてき

高齢者の運転免許返納制度の是非
　　　　　　　　　　　　　　ぜ ひ

キム・イエナ

１．はじめに

　急速に高齢化が進む日本では、高齢化社会に対応するための制度の見直しに関し、さまざ
　　　　　　　　　　　　　　　　　　 たいおう
まな分野で議論が行われている。その中の一つに、高齢者に対する運転免許の返納制度に関
する議論がある。2018 年 1 月に前橋で自転車登校中の女子高校生 2 名が乗用車にはねられ
た事故や、2019 年 4 月に池袋の交差点で乗用車が赤信号を無視して横断歩道に突入し、母
　　　　　　　　　　　　　　　　　　　　　　　　　　　　　　　　　　　 むし
子 2 名が死亡し 10 名が負傷した事故など、近年、高齢ドライバーによる重大な事故が頻発
　 ふ しょう　　　　　　　　　　　　　　　　　　　　　　　　　　　　　　　　　　　 ひんぱつ
していることがその背景にある。

　産経ニュース(2018 年 1 月 13 日)は、高齢ドライバーによる重大事故が後を絶たず、交
通死亡事故全体に占める 75 歳以上の運転者の割合が増加していることから、「認知症に限ら
　　　　　　　　　　　　　　　　　　　　　　　　　　　　　　　　　　　　 にん ち しょう

ない運転技能検査の義務付けと強制返納の仕組み作りが急務である」と訴えている。この記事によると、前橋の事故のドライバーは、認知機能検査を受け、認知症ではないと診断されていたとのことである。現時点の技術では、迅速に正確に認知症を診断することはもちろん、運動技能が十分か否かを判断するのも困難なため、高齢者に対して、運転免許を強制的に返納してもらう制度を設けることが望ましいのではないだろうか。

　以下では、2節でその理由を述べ、3節で異なる見解について検討したうえで解決策を提案し、4節で結論を述べる。

2．運転免許返納制度の必要性

　内閣府による『令和元年交通安全白書』では、平成30年中の免許人口10万人当たりの死亡事故件数に関し、75歳以上の高齢運転者は75歳未満の年齢層に比べて約2.4倍と報告されている。また、死亡事故の人的要因をみると、操作ミスによる事故が最も多く、そのうち、ブレーキとアクセルの踏み間違い事故は75歳以上が5.4％、75歳未満が1.1％であると指摘されている。

　このデータから、「後期高齢者」と呼ばれる75歳以上になると、運転能力の衰えから、交通事故を起こす可能性が高くなると言える。むろん、十分な運転能力を保持している高齢者もいるだろうが、人間であれば、高齢になるにしたがい記憶力や判断力が弱くなり、運動能力も低下していくことは明らかである。認知機能や運動機能は、1年に1回検査すれば安心というわけではなく、急激に衰えることもあり得る。認知症と運転に関する医学的、法的課題とその対応に関する現状をまとめた上村（2018）には、「認知症ドライバーは約100万人以上に上る」（p.166）との指摘があり、どこで事故が起こってもおかしくない状況だと思われる。また、認知機能の低下は本人はもちろん家族も認めたくないことであるが、「人間は高齢になると65歳以上の15％が認知症になる」（p.175）との指摘もある。75歳以上であればさらに危険が高まるのではないだろうか。

3．運転免許返納制度への反論と提案

　一方で、高齢者による交通事故が目立ってきたからといって、一律に高齢者の運転を規制しようとするのは危険だと指摘する声もある（大久保2019）。確かに、車の運転を楽しむ高齢者から運転のチャンスを奪うことは、生活の活力を奪うことにつながりかねない。大久保（2019）は、高齢者の運転を規制するのではなく、「例えば10年ごとに危険回避技術や加齢に伴う運転弊害の講習を実施してはどうだろうか」と提案している。しかし、高齢者の身体的機能は急激に低下することもあるため、10年ごとの講習では事故の防止につながらないだろう。また、何年ごとの講習であれば有効か判断することも難しいため、免許返納のしくみを整え、車の運転は最長で75歳までとすることが現時点での最善策だと考えられる。

　それでは、75歳になったら一律に免許を返納する制度さえ作ればよいのだろうか。この問いに対しては、強制的な免許返納制度を制定すると同時に、免許返納者が優先的に楽しめる特典やサポート体制の拡充も検討することを提案したい。特に地方で暮らす高齢者にとって、日用品の買い物や通院に車は欠かせない移動手段であり、代替する移動手段を確保しなければならない。例えば、地域ごとに巡回スーパーを整備する、医者が定期的に往診するサービ

スを提供する、定額でタクシーを利用できるように支援するなどの方法が考えられる。警視庁のホームページによると、「高齢者運転免許自主返納サポート協議会」に加盟する企業・団体が多数あり、利用料の割引を提供する娯楽施設や乗車料金を10%割り引くタクシー会社、自宅への配送料を無料とするデパートなど、すでに運転免許を自主的に返納した高齢者をサポートするためのサービスが提供されている。このような支援策の拡大を積極的に検討していくことが有効だろう。

4．おわりに

　以上、高齢者に対する運転免許の強制的返納に関し、賛否の意見を取り上げて、その是非を検討した。75歳以上の高齢者を対象に、免許返納を義務付ける制度を導入すると同時に、車を運転しなくても生活に支障がなく、生き生きと楽しむことができるような社会の仕組み作りも検討すべきであると考える。

（2,013字）

引用文献
上村直人（2018）「認知症者の自動車運転能力評価とその課題」『国際交通安全学会誌』Vol.42,
　No.3, pp.166-176. https://www.iatss.or.jp/common/pdf/publication/iatss-
　review/42-3-02.pdf（2020年1月13日閲覧）
大久保力（2019年12月16日）「高齢者運転　一律規制は危険」『日本経済新聞』https://www.
　nikkei.com/article/DGXMZO53318890T11C19A2KE8000/（2020年1月15日閲覧）
警視庁「高齢者運転免許自主返納サポート協議会加盟企業・団体の特典一覧」
　https://www.keishicho.metro.tokyo.jp/smph/kotsu/jikoboshi/koreisha/shomeisho/
　support.html（2020年1月13日閲覧）
産経ニュース（2018年1月13日）「高齢者の運転免許　強制返納の仕組みを」
　https://www.sankei.com/column/news/180113/clm1801130001-n1.html（2020年1月
　15日閲覧）
内閣府「平成30年度　交通事故の状況及び交通安全施策の現況」『令和元年交通安全白書』
　https://www8.cao.go.jp/koutu/taisaku/r01kou_haku/zenbun/genkyo/feature/
　feature_03.html（2020年1月13日閲覧）

■確認しよう

〈課題〉の②③④はレポートのどこに書かれていますか。

≫考えよう

1．レポートの文を、「（A）事実」、「（B）筆者の主張・見解」、「（C）レポート（議論）の展開予告／報告」の3種に分けてみましょう。「（A）事実」の場合、「（A-1）社会的に周知されている事実（一般常識的な事実や実際の出来事）」と「（A-2）データや資料に基づく事実（引用）」のどちらに該当しますか。

2．引用にはどのような表現が使われていますか。また、レポートの中でどのような役割を果たしていますか。

解説

レポートは、「（A）事実」、「（B）筆者の主張・見解」、「（C）レポート（議論）の展開予告／報告」の文がつながり、全体として論理的一貫性のある文章として成立しています。「（A）事実」は大きく「（A-1）社会的に周知されている事実（一般常識的な事実や実際の出来事）」と「（A-2）データや資料に基づく事実（引用）」に分けられます。論理的文章の中でどのように組み立てられているか、どのように機能しているか、分析してみましょう。引用の表現は＿＿＿、主張の表現は＿＿＿で示します。

◆レポートの論理展開の分析

１．はじめに

　急速に高齢化が進む日本では、高齢化社会に対応するための制度の見直しに関し、さまざまな分野で議論が行われている。その中の一つに、高齢者に対する運転免許の返納制度に関する議論がある。2018 年 1 月に前橋で自転車登校中の女子高校生 2 名が乗用車にはねられた事故や、2019 年 4 月に池袋の交差点で乗用車が赤信号を無視して横断歩道に突入し、母子 2 名が死亡し 10 名が負傷した事故など、近年、高齢ドライバーによる重大な事故が頻発していることがその背景にある。

◀（A-1）社会的に周知されている事実（一般常識的な事実や実際の出来事）

　産経ニュース（2018 年 1 月 13 日）は、高齢ドライバーによる重大事故が後を絶たず、交通死亡事故全体に占める 75 歳以上の運転者の割合が増加していることから、「認知症に限らない運転技能検査の義務付けと強制返納の仕組み作りが急務である」と訴えている。この記事によると、前橋の事故のドライバーは、認知機能検査を受け、認知症ではないと診断されていたとのことである。

◀（A-2）データや資料に基づく事実（引用）

現時点の技術では、迅速に正確に認知症を診断することはもちろん、運動技能が十分か否かを判断するのも困難なため、高齢者に対して、運転免許を強制的に返納してもらう制度を設けることが望ましいのではないだろうか。

◀（A-1）社会的に周知されている事実（一般常識的な事実や実際の出来事）
◀（B）筆者の主張・見解

　以下では、2 節でその理由を述べ、3 節で異なる見解について検討したうえで解決策を提案し、4 節で結論を述べる。

◀（C）レポート（議論）の展開予告

２．運転免許返納制度の必要性

　内閣府による『令和元年交通安全白書』では、平成 30 年中

◀（A-2）データや資料に基づく事実（引用）

の免許人口10万人当たりの死亡事故件数に関し、75歳以上の高齢運転者は75歳未満の年齢層に比べて約2.4倍と報告されている。また、死亡事故の人的要因をみると、操作ミスによる事故が最も多く、そのうち、ブレーキとアクセルの踏み間違い事故は75歳以上が5.4％、75歳未満が1.1％であると指摘されている。

このデータから、「後期高齢者」と呼ばれる75歳以上になると、運転能力の衰えから、交通事故を起こす可能性が高くなると言える。

◀（B）筆者の主張・見解

むろん、十分な運転能力を保持している高齢者もいるだろうが、人間であれば、高齢になるにしたがい記憶力や判断力が弱くなり、運動能力も低下していくことは明らかである。認知機能や運動機能は、1年に1回検査すれば安心というわけではなく、急激に衰えることもあり得る。

◀（A-1）社会的に周知されている事実（一般常識的な事実や実際の出来事）

認知症と運転に関する医学的、法的課題とその対応に関する現状をまとめた上村（2018）には、「認知症ドライバーは約100万人以上に上る」（p.166）との指摘があり、

◀（A-2）データや資料に基づく事実（引用）

どこで事故が起こってもおかしくない状況だと思われる。

◀（B）筆者の主張・見解

また、認知機能の低下は本人はもちろん家族も認めたくないことであるが、

◀（A-1）社会的に周知されている事実（一般常識的な事実や実際の出来事）

「人間は高齢になると65歳以上の15％が認知症になる」（p.175）との指摘もある。

◀（A-2）データや資料に基づく事実（引用）

75歳以上であればさらに危険が高まるのではないだろうか。

◀（B）筆者の主張・見解

3．運転免許返納制度への反論と提案

一方で、高齢者による交通事故が目立ってきたからといって、一律に高齢者の運転を規制しようとするのは危険だと指摘する声もある（大久保2019）。

◀（A-2）データや資料に基づく事実（引用）

確かに、車の運転を楽しむ高齢者から運転のチャンスを奪うことは、生活の活力を奪うことにつながりかねない。

◀（B）筆者の主張・見解

大久保（2019）は、高齢者の運転を規制するのではなく、「例えば10年ごとに危険回避技術や加齢に伴う運転弊害の講習を実施してはどうだろうか」と提案している。

◀（A-2）データや資料に基づく事実（引用）

しかし、高齢者の身体的機能は急激に低下することもあるため、10年ごとの講習では事故の防止につながらないだろう。また、

◀（B）筆者の主張・見解

何年ごとの講習であれば有効か判断することも難しいため、免許返納のしくみを整え、車の運転は最長で75歳までとすることが現時点での最善策だと考えられる。

　それでは、75歳になったら一律に免許を返納する制度さえ作ればよいのだろうか。　◀（C）レポート（議論）の展開予告

この問いに対しては、強制的な免許返納制度を制定すると同時に、免許返納者が優先的に楽しめる特典やサポート体制の拡充も検討することを提案したい。　◀（B）筆者の主張・見解

特に地方で暮らす高齢者にとって、日用品の買い物や通院に車は欠かせない移動手段であり、代替する移動手段を確保しなければならない。　◀（A-1）社会的に周知されている事実（一般常識的な事実や実際の出来事）または（B）筆者の主張・見解

例えば、地域ごとに巡回スーパーを整備する、医者が定期的に往診するサービスを提供する、定額でタクシーを利用できるように支援するなどの方法が考えられる。　◀（B）筆者の主張・見解

警視庁のホームページによると、「高齢者運転免許自主返納サポート協議会」に加盟する企業・団体が多数あり、利用料の割引を提供する娯楽施設や乗車料金を10％割り引くタクシー会社、自宅への配送料を無料とするデパートなど、すでに運転免許を自主的に返納した高齢者をサポートするためのサービスが提供されている。　◀（A-2）データや資料に基づく事実（引用）

このような支援策の拡大を積極的に検討していくことが有効だろう。　◀（B）筆者の主張・見解

４．おわりに

　以上、高齢者に対する運転免許の強制的返納に関し、賛否の意見を取り上げて、その是非を検討した。　◀（C）レポート（議論）の展開報告

75歳以上の高齢者を対象に、免許返納を義務付ける制度を導入すると同時に、車を運転しなくても生活に支障がなく、生き生きと楽しむことができるような社会の仕組み作りも検討すべきであると考える。　◀（B）筆者の主張・見解

◆ 引用

❶ 引用の効果

引用にはどのような効果があるでしょうか。上記のレポートでは、第2段落で新聞記事に掲載された主張を引用し、自分自身の主張（「高齢者に対して、運転免許を強制的に返納して

もらう制度を設けることが望ましいのではないだろうか」）につなげています。また、自分の主張を支える根拠として、内閣府によるデータと学会誌の論文の一部を引用しています。一方で、自分の主張に反対する声があることも、新聞記事に掲載された主張を引用することによって明示しています。自分の主張が一般的には容易に受け入れられないものであることを示し、さらにその反論に対する反論（反駁）を行ったうえで、自分の主張を補う提案をする（「強制的な免許返納制度を制定すると同時に、免許返納者が優先的に楽しめる特典やサポート体制の拡充も検討する」）という流れで議論が進んでいます。このように、データに基づく事実や他者の見解を効果的に引用すると、自分の論の流れをサポートしたり強化したりすることができます。

❷ 引用の方法：直接引用と間接引用

引用の方法には、**直接引用**と**間接引用**があります。もともとの文章をそのまま一字一句変えずに「　　」に入れて示すのが直接引用、要約したり要点をまとめたりして示すのが間接引用です。

例えば、以下の例①は、前半が間接引用、後半が直接引用になっています。
例①

> 産経ニュース（2018年1月13日）は、高齢ドライバーによる重大事故が後を絶たず、交通死亡事故全体に占める75歳以上の運転者の割合が増加していることから、「認知症に限らない運転技能検査の義務付けと強制返納の仕組み作りが急務である」と訴えている。

例①に続く、以下の例②は間接引用です。
例②

> この記事によると、前橋の事故のドライバーは、認知機能検査を受け、認知症ではないと診断されていたとのことである。

直接引用が長い場合は、例③のように引用部分の前後に行を入れ、字下げをして示す方法もあります。短いレポートで引用が多すぎるとバランスが悪いので、引用は全体の2割以内を目安にしましょう。

例③

> 文化庁のホームページ「著作権なるほど質問箱」https://pf.bunka.go.jp/chosaku/ chosakuken/naruhodo/ref.asp#10 には、「引用」について以下のような記載がある。
>
> > 引用と言えるためには、[1] 引用する資料等は既に公表されているものであること、[2]「公正な慣行」に合致すること（例えば、引用を行う「必然性」があることや、言語の著作物についてはカギ括弧などにより「引用部分」が明確になってくること。）、[3] 報道、批評、研究などの引用の目的上「正当な範囲内」であること、（例えば、引用部分とそれ以外の部分の「主従関係」が明確であることや、引用される分量が必要最小限度の範囲内であること）、[4] 出所の明示が必要なこと（複製以外はその慣行があるとき）（第 48 条）の要件を満たすことが必要です（第 32 条第 1 項）。
>
> ここでは特に ［2］ の 「『公正な慣行』に合致する」方法について検討する。

❸ 引用のマナー：引用箇所の明示

引用する際、どこからどこまでが「引用」で、どこからどこまでが「筆者の主張・見解」なのか、読み手に伝わるように書く必要があります。例えば、以下の例④には、（a）上村（2018）に書かれていること、（b）筆者（レポートを書いたキムさん）の見解、（c）一般的に容易に理解できる事実の 3 つが含まれていますが、引用部がどこからどこまでなのか、読み手が理解できるように書かれています。

例④

> 認知症と運転に関する医学的、法的課題とその対応に関する現状をまとめた上村（2018）には、「認知症ドライバーは約 100 万人以上に上る」（p.166）との指摘があり、　◀ (a) 上村 (2018) に書かれていること
>
> どこで事故が起こってもおかしくない状況だと思われる。　◀ (b) 筆者の見解
>
> また、認知機能の低下は本人はもちろん家族も認めたくないことであるが、　◀ (c) 一般的に容易に理解できる事実
>
> 「人間は高齢になると 65 歳以上の 15％が認知症になる」（p.175）との指摘もある。　◀ (a) 上村 (2018) に書かれていること
>
> 75 歳以上であればさらに危険が高まるのではないだろうか。　◀ (b) 筆者の見解

もし、以下のように書かれていたら、すべて上村（2018）が述べていると解釈されてしまいます。資料を丁寧に読み、誤解されないように慎重に引用しましょう。

例④´（不適切な引用）

> 認知症と運転に関する医学的、法的課題とその対応に関する現状をまとめた上村（2018）によると、認知症ドライバーは約100万人以上に上り、どこで事故が起こってもおかしくない状況である。また、認知機能の低下は本人はもちろん家族も認めたくないことであるが、人間は高齢になると65歳以上の15％が認知症になるとの指摘もある。

❹ 引用のマナー：身勝手な引用の回避

論文や社説などの全体の主張を無視して、自分の主張に都合のよい部分だけを切り取るのはマナー違反です。例えば、高齢者の運転免許返納制度に反対するために、上記のレポートの中から「車の運転を楽しむ高齢者から運転のチャンスを奪うことは、生活の活力を奪うことにつながりかねない」という部分だけを切り取り、自分の論をサポートする根拠として用いてはいけません。この部分は、「高齢者に対する運転免許返納制度に賛成」ということを主張する論の中での「譲歩」の部分に過ぎないからです。

なお、引用であることを明記せずに提示した場合は「剽窃」と見なされ、大学の卒業を認められなかったり、社会的な信用を失ったりするので、十分に注意しなければなりません。

❺ 引用にふさわしいもの

インターネット上の情報を引用する場合は、アカデミック・ライティングで引用するのにふさわしい情報かどうか、検討する必要があります。表１に示す通り、個人のブログやツイッターは利用できません。また、インターネット上の情報などを編集した「まとめサイト」や不特定多数の人が書き込むWikipediaも、そのまま引用することはできません。学会や大学機関などが公開している論文、政府や公的機関から提供される白書や統計資料、企業や新聞社が公表しているレポートや調査結果は安心して利用することができます。その場合でも、いわゆる「孫引き」（本や論文に引用されている部分を原典を調べずに引用すること）は避けましょう。Wikipediaに書かれていることをレポートに使いたい場合は、参考文献に挙がっている原典に当たり、原文を引用する必要があります。

表1　インターネット上の資料の利用

可	論文・資料（学会誌や大学の紀要など）、レポート・調査報告（企業や新聞社など）、白書・統計資料（政府や公的機関など）
要注意	論文の中の引用部分や Wikipedia ➡ 参考文献リストに挙がっている文献に当たって引用すれば問題ない。
不可	個人のブログやツイッターなど

■調べよう

自分の専門分野の学会誌を調べ、参考文献の書き方を確認してください。（1）書籍1冊すべて、（2）書籍の1章または1論文、（3）学術雑誌の論文、（4）インターネット上の情報など、それぞれを引用した場合について書いてみましょう。一例として、日本語教育学会の学会誌『日本語教育』に投稿（とうこう）する場合の書き方は以下の通りです。

（1）近藤安月子（2008）『日本語学入門』研究社

（2）伊集院郁子（2017）「作文と評価：日本語教育的観点から見たよい文章」李在鎬（編著）『文章を科学する』第3章，ひつじ書房，38–57.

（3）髙野愛子（2012）「接続詞『だから』をめぐる文体差」『東京外国語大学留学生日本語教育センター論集』38, 39–56.

（4）日本語教育学会『日本語教育』執筆要領 < http://www.nkg.or.jp/wp/wp-content/uploads/2020/08/shippitsuyoryo.pdf > （2020年9月9日）

第5課
Step
3

これらをすべて「引用文献リスト」として提示（ていじ）する際は、50音順で（2）（1）（3）（4）の順に並べます。

ステップアップ

以下に、104～105ページの「書く前に」にあるレポートで引用した記事・資料の一部を示します。引用部分を確認しましょう。

① 関連記事1

【主張】高齢者の運転免許　強制返納の仕組み検討を

　前橋市で9日朝、自転車で登校中の女子高校生2人が、乗用車にはねられ、重体となった。運転していたのは、85歳の高齢男性だった。

　被害者にとってはもちろん、事故は加害者やその家族にとっても悲劇に他ならない。

　高齢者の運転適応能力が低下するのは、自然の摂理だ。免許返納の促進は、被害者のみならず、高齢ドライバーを守るためのものでもある。

　運転に不安があれば自主的に返納すべきである。家族も目を配りたい。明らかに能力を欠きながら運転に固執するケースには、強制力をもって免許を返納させる仕組みが必要ではないか。

　高齢ドライバーによる重大事故が、後を絶たない。交通死亡事故全体に占める75歳以上の運転者の割合は、平成18年の7.4%から28年は13.5%に増加した。

　団塊世代が70歳代にさしかかり、今後、高齢化社会はさらに進行する。対応を急がなくては悲惨な事故を止められない。

　前橋の事故で、自動車運転処罰法違反の疑いで逮捕された男は、半年ほど前から物損事故を繰り返していた。家族は免許を返納するよう再三説得したが、これを聞かず、事故当日も家族の目を盗んで運転していた。

　似たような悩みを抱える家族が全国にどれだけいるだろう。そして、事故を起こしてからでは、後悔は遅い。

　男は昨秋の免許更新時に認知機能検査を受け、認知症ではないとされていた。その診断結果が運転能力への過信につながっていたとすれば皮肉である。　〈中略〉

　公共交通網の整備や自動運転の技術開発を待つ間にも、事故は起きる。認知症に限らない運転技能検査の義務付けと強制返納の仕組み作りが急務である。

2018年1月13日　産経ニュース（編集の都合上ルビを付加）

---

② 関連記事２

高齢者運転 一律規制は危険

レジェンドレーシングドライバーズクラブ会長
大久保力氏

　高齢者の運転による交通事故が起こるたびに「高齢者の運転は危険なので、免許を返上すべきだ」との意見が流布される。高速道路や夜間の運転禁止、安全機能のついた車しか運転できない限定免許の創設などの声もあがる。

　健康状態などから運転すべきでない高齢者がいるのは確かだが、事故を起こす割合は20代の方が高い。一方だけ規制するのはおかしくないか。さらに言えば、高齢化は何十年も前からわかっていた。何の手も打たず、問題が目立ってきたら一律の規制で対処しようとする傾向は危険であり、「活力ある高齢化社会」の標榜がしらじらしい。

　私は半世紀以上、レーシングドライバーや自動車ジャーナリストとして二輪車、四輪車にかかわり、人間の運転の限界を知ってきたつもりだ。まず、運転の基礎となる免許証取得の教習システムが時代に合っていないと痛感する。今や乗用車の98%はAT車（自動変速）なのに、教習内容はMT車（手動変速）が基本だ。こうしたギャップが高齢者にも多い「アクセルとブレーキの踏み間違い」事故の原因につながる。

　ペダルが3つあるMT車は左足でクラッチ、右足でアクセルとブレーキを操作する。これに対し、ペダルが2つのAT車は右足でアクセル、左足もしくは両足でブレーキというかたちが有効かつ合理的で安全なのだ。実際、AT車の普及の進んだ国では、教習もそのように変わることがあるようだ。

　アクセルもブレーキも右足操作を教え込まれたドライバーは全世代でパニック時には踏み間違い事故を起こしやすいのではないか。自動車メーカーがペダル誤操作への対策に乗り出し、部品業者も後付けの安全装置を販売するが、それだけで事故が減るとは思えない。人間が操作する乗り物である以上、教習の改革が必要だ。今運転している人でも安全な場所で練習すれば変えることはできる。

　免許をとった後の継続的な教育も求められる。例えば10年ごとに危険回避技術や加齢に伴う運転弊害の講習を実施してはどうだろうか。日本のモータリゼーションをけん引した第1世代である高齢運転者の知恵と経験も生かし、検討してもらいたい。

2019年12月16日　日本経済新聞（編集の都合上ルビを付加）

③ 関連資料

高齢運転者による事故への取組

　第1節で見たとおり，高齢の運転免許保有者は，今後一層の増加が見込まれる。一方，平成30年中における免許人口10万人当たり死亡事故件数を年齢層別に見ると，75歳以上の高齢運転者については75歳未満の年齢層に比べて約2.4倍となっている。

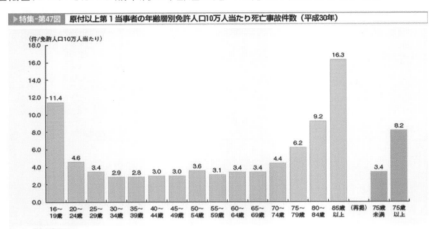

　死亡事故を類型別にみると，車両単独による事故が多く，具体的には，工作物衝突や路外逸脱が多い。死亡事故について，人的要因をみると，操作不適による事故が最も多く，そのうち，ブレーキとアクセルの踏み間違い事故は，75歳未満の年齢層に比べて多い（75歳以上5.4％，75歳未満1.1％）。

　　　　　内閣府「平成30年度　交通事故の状況及び交通安全施策の現況」『令和元年交通安全白書』
　　　　　https://www8.cao.go.jp/koutu/taisaku/r01kou_haku/zenbun/genkyo/feature/feature_03.html

---

書いてみよう

104〜105ページの「書く前に」にあるレポートを参考に、104ページの〈課題〉にしたがってレポートを作成してください。引用する関連記事のコピーもとっておきましょう。

アウトラインの例　　　　　　　　　　　　　　　　　　　　　　字数：1,500字程度

序論	1. はじめに	・選んだトピックに関する社会的背景や出来事、現状を簡潔に述べる。 ・記事の要点を示し、自分の主張・見解を述べる。
本論	2. _____ 3. _____ ※自分で考えましょう。	・自分の主張・見解を支える根拠を述べる。 ・自分の主張・見解と相反する意見（反論）を取り上げ、反駁する。
結論	4. おわりに	・全体をまとめ、結論を述べる。

書くときのポイント

引用のマナーを守り、レポートの説得力を高めるために適切に引用しながら書きましょう。最後に参考文献リストもつけてください。

ワンポイント ❗ メール

みなさんは、メールをよく書きますか。メールは苦手、時間がかかって面倒、自信がないから書きたくない、と思う人も多いようです。日本では、大学でも仕事でもメールを使う機会が多いので、基本的な型を覚えておくと便利です。

次のメールは、学生（総合日本語クラスを受けているギさん）が宿題締め切りの延長をお願いするために、担当の松尾先生に送ったものです。どのように改善したらいいでしょうか。

件名：宿題 ·· ①

松尾先生

突然メールをお送りする失礼をお許しください。総合日本語クラスのギと申します。 ······· ②
先週は、体の具合が悪くて授業に出られませんでした。そして、先ほど日本語の宿題
があることがわかりました。しかし、宿題の締め切りは今日の午後6時で、ほんとに　③
時間がありません！！ もう1日延長してください。
先生、どうもありがとうございます。 ··· ④

ギ・チョウレイ

---

① 「宿題」を提出するのか、「宿題」について質問があるのか、伝わりません。簡潔に書くのはよいことですが、お願いするメールなので、少し失礼な印象もあります。

② この挨拶表現は知らない人に初めてメールを送るときに使います。ギさんはすでに先生のクラスを受講しているので、この挨拶は不適切です。もし受講生が大勢いて、先生が自分を認識できていない可能性が高い場合は、学部や学年、学籍番号の情報も書くとよいです。

③ いきなり自分の用件を書くのではなく、受け取った人が読みやすいように工夫してみましょう。また、お願いのメールなので、事実だけを書くのではなく、お詫びや許可を求める表現を使って丁寧に書いてみましょう。

④ この段階では、先生はまだ宿題延期の許可をしていませんので、お礼の挨拶ではなくお詫びとお願いの挨拶表現を使いましょう。

改善例

件名：宿題の締め切りに関するお願い ·· ①

松尾先生

いつもご指導いただきありがとうございます。文学部1年のギです。総合日本語ク
ラスでお世話になっております。　　　　　　　　　　　　　　　　　　　　　　②

実は、お願いしたいことがあり、メールをお送りしました。
先週は、体の具合が悪くて授業に出られなかったのですが、ご連絡できず、申し訳
ありませんでした。先ほど、本日中の宿題があることがわかったのですが、まだ体
調が少し悪いため、もう少しお時間をいただけないでしょうか。1日延長していた
だければ、提出することができると思います。　　　　　　　　　　　　　　　　③

ご迷惑をおかけし大変申し訳ありませんが、どうぞよろしくお願いいたします。·········· ④

ギ・チョウレイ

以下のように書くこともできます。

① 宿題の締め切りについて（お願い）

② いつも大変お世話になっております。総合日本語クラスのギ（文学部1年、学籍番号
　：123456）です。

④ ご迷惑をおかけして申し訳ございませんが、ご検討いただければ幸いです。

【その他のポイント】

◆直接会ったことがない人に初めてメールを送るときの挨拶として、以下の表現があります。

　初めてご連絡差し上げます。／初めてご連絡させていただきます。

　突然のメールで失礼いたします。／突然メールをお送りする失礼をお許しください。

◆メールの最初の挨拶は、「おはようございます。」「こんにちは。」でも構いませんが、少し
カジュアルな印象があります。社会人がよく使う定型表現「いつもお世話になっておりま
す。」は、本当はそんなにお世話になっていない人にも使うことができる便利な表現です。

◆就職活動で企業とやりとりする際などは、大学名・学部・学年・氏名・連絡先などが自動
的に表示されるように「署名」を設定しておくとよいです。

第6課 働き方

データに基づいて報告する

みなさんは社会に出たらどのような働き方をしたいですか。働くことは個人、家族、社会のいずれとも切り離すことがでない重要なテーマですね。この課では、働くことについてさまざまな観点から考えてみましょう。

 ## この課で学習すること

	トピック	学習項目
★ Step1	将来の職業選択	言語表現を整える① 数値に関する表現のスタイル
★★ Step2	女性と労働	言語表現を整える② 図表・データの表現
★★★ Step3	労働に関する社会的課題	内容・構成を磨く 図表・データの利用

言語表現を整える①
数値に関する表現のスタイル

将来の職業選択
しょう らい　　しょく ぎょう せん たく

書く前に

① 子どもの頃、将来、どのような仕事をしたいと思っていましたか。
② 以下の表と図からどのようなことがわかりますか。
③ 以下の表と図を見て、どのようなことを考えますか。

表1　2018年度「将来なりたい職業」ランキングトップ10

男子児童			女子児童		
順位 (前回)	職業	票数	順位 (前回)	職業	票数
1 (2)	野球選手・監督など	112	1 (2)	パティシエール	85
2 (1)	サッカー選手・監督など	106	2 (1)	看護師	82
3 (3)	医師	77	3 (3)	医師	80
4 (4)	ゲーム制作関連	54	4 (3)	保育士	75
5 (12)	会社員・事務員	38	5 (9)	教師	53
6 (6)	ユーチューバー	35	6 (7)	薬剤師	50
7 (5)	建築士	29	7 (6)	獣医	46
7 (11)	教師	29	8 (5)	ファッションデザイナー	39
9 (7)	バスケットボール選手・コーチ	24	9 (8)	美容師	32
10 (10)	科学者・研究者	23	10 (35)	助産師	27

※第12回「小学生『夢をかなえる』作文コンクール」応募作品より集計
応募期間：2018年5月1日〜10月31日　応募作品数：2,469点(男子児童：1,085点／女子児童：1,384点)
出典：日本FP協会　小学生『将来なりたい職業』ランキングより

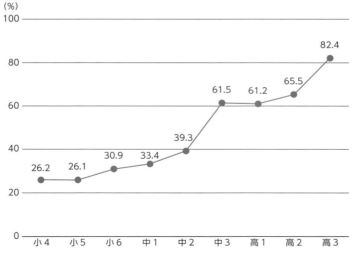

図1　この1年間に進路(将来)について深く考えた(学年別)

出典：ベネッセ教育総合研究所「子どもの生活と学びに関する親子調査2015」より

 **考えよう**

次の文章は、「将来の職業選択」というテーマで書かれたレポートの一部です。120ページの図表を見ながら、下線の表現をアカデミック・スタイルにしてください。

将来なりたい職業に関する夢と現実

グェン・ティ・ミン

1．はじめに

　ベトナムでも有名なサッカーの本田圭佑選手のインタビューによると、彼は小学校の卒業文集に「世界一のサッカー選手になりたい」と書いていたという。　〈中略〉　そこで、このレポートでは、子どもの将来の職業や進路に関するデータをもとに、職業に関する夢と現実について考察する。

2．データの説明

　表1によると、小学生がなりたい職業の上位3位は、男子が「野球選手・監督など」「サッカー選手・監督など」「医師」、女子が「パティシエール」「看護師」「医師」であり、前回とほぼ同じである。男子はスポーツ系、女子はお菓子系という違いがあるが、医療に関わる仕事が共通している。　〈中略〉

3．データの分析

　ここで注目したいのは、男子の4位「ゲーム制作関連」と、6位「ユーチューバー」である。順位が前回と同じで、安定した人気となっている。過去12年分のデータを調べてみたところ、「ゲーム制作関連」は2009年度に8位に入ってから毎回3位から6位の間を ¹⁾ <u>キープ</u>しており、「ユーチューバー」は2017年度に初めてトップ10に入ったことがわかった。これは子どもたちにとってゲームやYouTubeが身近になっているからだと考えられる。

　〈中略〉

　図1では、小学4年生から中学2年生にかけて ²⁾ <u>だんだん</u> ³⁾ <u>増えていた</u>のが、中学3年生は61.5%と ⁴⁾ <u>すごく伸びている</u>。高校1年生になると61.2%と ⁵⁾ <u>ちょっと</u> ⁶⁾ <u>減る</u>が、高校3年生は82.4%と ⁷⁾ <u>一番高い</u>。どちらも受験の時期で、将来について深く考える時期なのだろう。現実を意識するようになり、実際は男子5位の「会社員・事務員」になる人が多いと思われる。　〈中略〉

4．おわりに　〈省略〉

参考資料　〈省略〉

３．データの分析

　ここで注目したいのは、男子の４位「ゲーム制作関連」と、６位「ユーチューバー」である。

順位が前回と同じで、安定した人気となっている。過去 12 年分のデータを調べてみたとこ

ろ、「ゲーム制作関連」は 2009 年度に８位に入ってから毎回３位から６位の間を [1] キー

〜〜〜〜〜〜〜〜〜〜

保って（たも）

プしており、「ユーチューバー」は 2017 年度に初めてトップ 10 に入ったことがわかった。

これは子どもたちにとってゲームや YouTube が身近になっているからだと考えられる。

　〈中略〉

　図１では、小学４年生から中学２年生にかけて [2] だんだん [3] 増えていたのが、中学３年生

次第に（しだい）／徐々に（じょじょ）／緩やかに（ゆる）　増加して（ぞうか）

は 61.5％と [4] すごく伸びている。高校１年生になると 61.2％と [5] ちょっと [6] 減るが、高校

急激に（きゅうげき）／大幅に（おおはば）　　　　　　　　　　やや／わずかに／若干（じゃっかん）　減少する（げんしょう）

３年生は 82.4％と [7] 一番高い。どちらも受験の時期で、将来について深く考える時期なのだ

最も（もっと）

ろう。現実を意識するようになり、実際は男子５位の「会社員・事務員」になる人が多いと

思われる。

ここに注目

ここでは、「数値に関する表現」のアカデミック・スタイルを学習します。

	やわらかい表現	かたい表現	用例
副詞	2) だんだん	次第に／徐々に／緩やかに	徐々に株価が下がってきたため、すべて売却した。
	4) すごく	急激に／急速に	2000年代から日本に来る外国人観光客数が急激に増加した。
		大きく／大幅に	新しい政権になったのと同時に、ドルが大幅に下落した。
	5) ちょっと／少し	やや／わずかに／若干	若者の投票率の低さが指摘されていたが、今回やや上昇した。
			実験の結果、AとBの間にわずかに差が現れた。
	7) 一番	最も	エネルギーはこの時点で最も高い数値を示した。
	どんどん	急激に／急速に	2000年代から渡日観光客が急激に増加した。
	だいたい	約／およそ／おおよそ／ほぼ	1950年代と比較すると、子どもの数はほぼ半数に減少した。
助詞	～くらい［ぐらい］	～程度	不況のため、2020年度の内定者は10人程度に抑えられた。
	～だけ	～のみ	塾に通っている子どもの割合は、学年全体の10%のみである。
動詞	3) 増える	増加する	SNSを毎日用いる若者が増加している。
	6) 減る	減少する	日本の若者の人口は減少し、少子高齢化が起きている。
	変わる	変化する	この30年間で女性の仕事に対する価値観が変化した。
	1) キープする	保つ	実験の際は、温度を一定に保たなければならない。
	オーバーする	超える／超過する	2000年代以降、日本の輸出額は60兆円を超過している。

＊このほかの表現は「50音順スタイル対照リスト」（157～161ページ）で確認しましょう。
＊完全に言い換えられない場合もあるため、文脈に合わせてふさわしい表現を選びましょう。

❶ 数値の程度を表す表現

「すごく」の「かたい表現」は「大変／非常に／極めて」であると学習しました（☞第3課Step1）が、変化の程度を表すときには、「大きく／大幅に」という副詞を使います。

「一番」に対応する「かたい表現」は「最も」なので、「一番高い」は「最も高い」と表すことができますが、図表やデータを示す場合には、「最高」のような漢語もよく使われます。「世界最高」のように漢語とともに使われることが多いです。漢語を使うと簡潔に表すことがで

第6課 Step1

き、よりかたい印象になります。また、同じ表現を繰り返すと単調になるため、文脈に合わせてバランスよく選びましょう。そのほかに、以下のような漢語があります。

・最も高い	＝ **最高**	例）最高の医療を受けるためには、患者の努力も必要である。
・最も多い	＝ **最多**	例）Ａ選手はオリンピック最多出場の記録をもつ。
・最も大きい	＝ **最大**	例）世界最大の湖はカスピ海であり、面積は 374,000㎢ である。
・最も低い	＝ **最低**	例）この地域の最低気温はマイナス 35℃ である。
・最も少ない	＝ **最少**	例）ツアーの最少催行人数は 20 名だが、申し込みが 11 名だったため中止となった。
・最も小さい	＝ **最小**	例）面積が世界最小の国は、バチカン市国である。
・最も長い	＝ **最長**	例）震災によって物資の輸送が止まり、通常 2 日で届くものが最長で 10 日かかった。
・最も短い	＝ **最短**	例）このナビゲーターは、最短距離のほか最短時間の経路も示す。

❷ 数値の変化を表す表現

「増える」「減る」「変わる」などの和語よりも、**「増加する」「減少する」「変化する」**などの漢語を含む語のほうが「かたい表現」です。また、「キープする」「オーバーする」などのカタカナ語は避けましょう。

❸ 概数や限定を表す表現

はっきりとした数値が示せず、その概数を表したい場合は、**「約／おおよそ＋数字」**、**「数字＋程度」**を使って表します。「だいたい〜」や「〜ぐらい」はアカデミック・ライティングにはふさわしくありません。

例）約 2000 件、おおよそ 30 万台、50 人程度

限定的であることや数量的に少ないことを表したい場合は、**「〜のみ」**を使って表します。「国内のみ」のように、数値以外でも使うことができます。

例）受賞者は例年 3 名のところ、今年度は 1 名のみであった。

表現練習

1. 下線の表現をアカデミック・スタイルにしてください。

① レポートを書くためにはデータが少し足りない。

② 実験の時間が予定より１時間もオーバーしたため、正確なデータが得られなかった。

③ 「女性専用車」とは、女性だけが乗れる時間限定の車両のことである。

④ SNSの利用がどんどん広がり、新たなコミュニケーションの問題が発生している。

⑤ 1970年代から卵の価格はだいたい同じであり、「物価の優等生」と呼ばれている。

2. 「アカデミック・ライティング」にふさわしくない表現を見つけて線を引き、例のように直してください。

   例）一番高い点数は96.8ポイントである。
   　　最も高い点数／最高の点数／最高点

① 調査の結果、国内と海外のグループの間にちょっと差が現れた。

② データは200件くらい収集した。

③ 昨年度のイベントが好評だったため、今年度はエリアをすごく拡大して開催することになった。

④ この表を見ると、ストレスが高まるにつれて血圧がだんだん高くなっていることがわかる。

⑤ 近年、AIによる音声サービスの機器が増えている。

 書いてみよう

子どもの頃の「将来つきたい職業」や「進路選択に関わる意識」について、自分の国のデータを調べ、比較・分析して考察しましょう。ほかの国と比較してもよいです。

アウトラインの例　　　　　　　　　　　　　　　　　　字数：800字程度

はじめ	レポートの目的　　何についてレポートを書くか説明する。
なか	資料・データの説明・比較・分析　　資料やデータを説明し、比較し、分析する。
おわり	考察・まとめ　　分析した上で、自分の意見を述べる。

書くときのポイント
図表・データの数値・変化などを表す表現のスタイルに気をつけて書きましょう。

書く前に

① 「女性と労働」について、日本にはどのような課題があるでしょうか。みなさんの国の課題は何ですか。

② 下の2つの図からどのようなことがわかりますか。みなさんの国と比較した場合、どのような共通点と相違点がありますか。

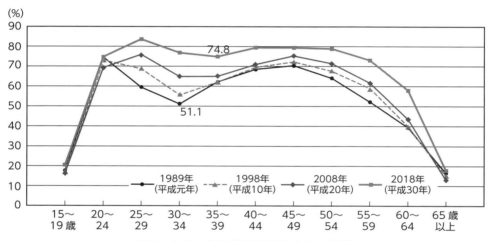

図1　女性の年齢階級別労働力率の推移

総務省統計局「統計トピックス No.119 統計がかたる平成のあゆみ」図8
（http://www.stat.go.jp/data/topics/topi1192.html）を加工して作成

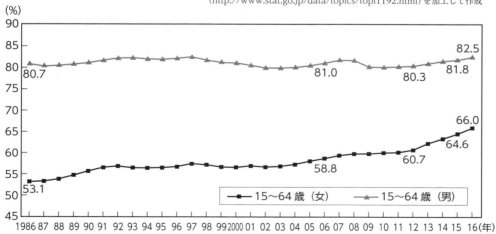

図2　就業率の推移

内閣府男女共同参画局「男女共同参画白書平成29年度版」図I- 特 -1
（http://www.gender.go.jp/about_danjo/whitepaper/h29/zentai/html/honpen/b1_s00_01.html）を加工して作成

考えよう

次の文章は、「女性と労働」というテーマで書かれたレポートの一部です。126ページの図
1と図2を見ながら、下線の表現を改善してください。

日本における女性の就業率の変化と要因

エレン・カーター

1．はじめに

　日本では「男は仕事、女は家庭」という伝統的な価値観が根強く、女性が結婚を機に会社
を辞めることを表す「寿退社」ということばもある。結婚で仕事を辞めなかった場合でも、
出産を機に退社する女性は依然として多い。　〈中略〉

2．働く女性の増加

2.1　M字カーブの変化

　日本で働く女性の割合は、出産や育児で仕事を辞める人が多い30歳前後に落ち込んでか
ら40代にかけて回復し、アルファベットの「M」に見える曲線を描くことから、「M字カー
ブ」と呼ばれている。図1は、1989年から2018年の30年間におけるM字カーブを
[1] 示した。M字カーブの底となる年齢が [2] 増加している背景には、晩婚化や晩産化の影響が
あると考えられる。

　また、底となる数値、すなわち最も [3] 少ない労働力率をみると、1989年は51% [4] 弱のと
ころ、2018年は75% [5] 強となっており、M字カーブは解消しつつあると言える。　〈中略〉

2.2　就業率の変化に関する男女間比較

　続いて、男性と女性の就業率の変化を比較するため、図2に1986年から2016年までの
推移を [6] 見せる。図2より、30年間で男性はわずか2%弱の上昇に [7] 達し、ほぼ [8] 横であ
るのに対し、女性の就業率は大きく伸びていることが [9] 見える。男女雇用機会均等法が施行
された1986年は53.1% [10] を超えているが、その後の30年間で [11] 急激に上昇し続け、
2016年には66.0%に [12] とどまっている。男性の就業率と比較すると、依然として男女差
が残っているものの、30年間でその差は [13] 拡大しつつあることが明らかである。　〈中略〉

3．就業率上昇の要因　〈省略〉

4．残された社会的課題　〈省略〉

5．おわりに　〈省略〉

参考文献　〈省略〉

改善例

2.1　M字カーブの変化

　日本で働く女性の割合は、出産や育児で仕事を辞める人が多い30歳前後に落ち込んでか

ら40代にかけて回復し、アルファベットの「M」に見える曲線を描くことから、「M字カー

ブ」と呼ばれている。図1は、1989年から2018年の30年間におけるM字カーブを

1) 示した。M字カーブの底となる年齢が 2) 増加している背景には、晩婚化や晩産化の影響が
　示している／示したものである　　　　　　上昇
　　　　　　　　　　　　　　　　　　　　　じょうしょう
あると考えられる。

　また、底となる数値、すなわち最も 3) 少ない労働力率をみると、1989年は51% 4) 弱のと
　　　　　　　　　　　　　　　　低い　　　　　　　　　　　　　　　　強
ころ、2018年は75% 5) 強となっており、M字カーブは解消しつつあると言える。
　　　　　　　　　　弱

2.2　就業率の変化に関する男女間比較

　続いて、男性と女性の就業率の変化を比較するため、図2に1986年から2016年までの

推移を 6) 見せる。図2より、30年間で男性はわずか2%弱の上昇に 7) 達し、ほぼ 8) 横であ
　　　示す　　　　　　　　　　　　　　　　　　　　　とどまり／すぎず　　　横ばい
るのに対し、女性の就業率は大きく伸びていることが 9) 見える。男女雇用機会均等法が施行
　　　　　　　　　　　　　　　　　　　　　　　　　　わかる
された1986年は53.1% 10) を超えているが、その後の30年間で 11) 急激に上昇し続け、
　　　　　　　　　　　である　　　　　　　　　　　　　　徐々に
　　　　　　　　　　　　　　　　　　　　　　　　　　　　じょじょ
2016年には66.0%に 12) とどまっている。男性の就業率と比較すると、依然として男女差
　　　　　　　　　　達している／上っている
　　　　　　　　　　たっ
が残っているものの、30年間でその差は 13) 拡大しつつあることが明らかである。
　　　　　　　　　　　　　　　　　　　縮小
　　　　　　　　　　　　　　　　　　　しゅくしょう

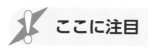

ここに注目

❶ 図表の提示方法

レポートでは、テーマに関する現状の説明をしたり、主張をサポートする証拠を示したりするために図表を掲載することがあります。レポートに図表を載せる際、表の場合は表の上に（例：11ページの表）、図の場合は図の下に（例：44ページの図）図表の番号とタイトルを示します（学術論文を投稿する場合は、投稿する学会誌の投稿要領にしたがってください）。

自分自身で収集したデータから作成した図表ではなく、文献やウェブサイトから引用した場合は、図表の下に右寄せで出典を示します。レポートの最後に提示する引用文献（または参考文献）のリストには閲覧日も含め、詳細を示します。

❷ 図表の説明の流れ

レポートに図表を提示した場合は、必ず本文でその説明をしなければなりません。説明は、次のような構成で書きます。

流れ	表現例
1）図表の提示	・（図1／表1）は（図表のタイトル）を示している／表している ・（図1／表1）は（図表のタイトル）を示したものである ・（図1／表1）に（図表のタイトル）を示す
2）図表の説明	「❸ データ・数値の説明の表現」を参照してください。
3）図表からわかること	・（図1／表1）からわかるように… ・（図1／表1）が示すように… ・（図1／表1）より…ことがわかる／明らかである

第6課
Step
2

❸ データ・数値の説明の表現

1) 客観的表現

・(図からわかるように)、～は…である

例）・図２からわかるように、2016年（平成28年）現在の男性の就業率は82.5％である。

　　・女性と男性の就業率の差は、男女雇用機会均等法が施行された1986年（昭和61年）は27.6％であった。

2) 主観を含む表現

（A）数値が大きいことを伝える表現

・～は…を超えている／超える　　＊「…」は、まとまった数値（例：8割、80％など）

例）男性の就業率は8割を超えている。

・～は…に達している／達する／上っている／上る

例）女性の就業率は、72.7％に達している／上っている。

・～は…を占めている／占める

例）選択的夫婦別姓に関して調査した結果、女性は賛成が74.1％を占めていた。

（B）数値が小さいことを伝える表現

・～は…に満たない　　＊「…」は、まとまった数値

例）男性の就業率は8割を超えているのに対し、女性はいまだに7割に満たない。

・～は…にすぎない／とどまっている／とどまる

例）・男女雇用機会均等法が施行された1986年（昭和61年）の女性の就業率は53.1％にすぎない／とどまっている。

　　・この会社では、出産後も仕事を続ける女性は約3割にとどまる。

・わずか

例）・アンケートへの回答者はわずか8名にすぎない。

　　・夫の育児参加はわずかながら広がりつつある。

3) だいたいの数値を表す表現

・**約…／およそ…／…ほど／…前後**　　＊「…」は、まとまった数値

　例）約20%／およそ2割／20人ほど／20日前後

・**…強 ⇔ …弱**　　＊「…」は、まとまった数値

　例）8割強＝8割より少し多い ⇔ 8割弱＝8割より少し少ない

❹ 変化の説明の表現

・**増加**（ぞうか）＝（数量）が増（ふ）えること ⇔ **減少**（げんしょう）

　＊〜数（人数・件数など）、〜量（りょう）（排出量（はいしゅつ）・生産量など）、体重、面積（めんせき）

　例）・高齢者（こうれいしゃ）による交通事故が徐々（じょじょ）に増加（ ⇔ 減少）している。

　　　・高齢出産する女性は増加（ ⇔ 減少）傾向（けいこう）にある。

・**上昇**（じょうしょう）＝（程度）が高くなる ⇔ **下降・低下・下落**

　＊〜率（りつ）（出生率・合格率（しゅっしょう）など）、温度（気温・体温など）、価格（かかく）（株価（かぶか）、物価（ぶっか）など）

　例）・新型ウイルスへの感染率（かんせん）が急激（きゅうげき）に上昇（ ⇔ 低下）している。

　　　・物価が上昇（ ⇔ 下落）した。

　＊割合の場合は、増加（⇔減少）、上昇（⇔低下）のどちらも使われます。

　例）5年前の調査と比べ、反対する人の割合（わりあい）は10%増加［上昇］した。

・**横ばい** ＝ 数値の変化がない

　例）A国のGDPは1990年代半ば以降、ほぼ横ばいである。

以下の図3について説明するのに適切なことばを（　　）に入れてください。

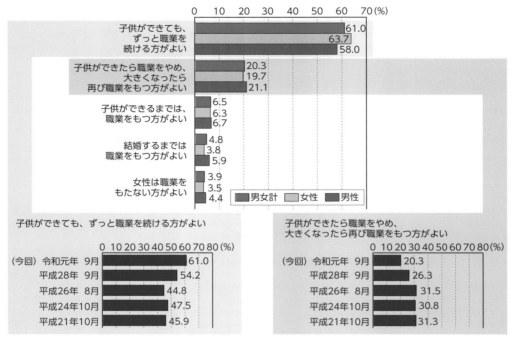

図3　女性が仕事をもつことに関するアンケート調査の結果

内閣府男女共同参画局総務課『共同参画』2019 年 12 月号 p.2 図表 1
(http://www.gender.go.jp/public/kyodosankaku/2019/201912/pdf/201912.pdf) を加工して作成

　　図3は、女性が職業をもつことに関するアンケート調査の結果を（①　　　　　　　）。女性が職業をもつことについてどう思うかという質問への回答として（②　　　　　　　）多かったのは、「子供ができても、ずっと職業を続ける方がよい」で、男女計で 60％（③　　　　　　　）。ついで多かったのは、「子供ができたら職業をやめ、大きくなったら再び職業をもつ方がよい」という回答であり、男女ともに 20％（④　　　　　　　）である。その他、「子供ができるまで」は 6％（⑤　　　　　　　）、「結婚するまで」は男女計で 5％（⑥　　　　　　　）に（⑦　　　　　　　）、いずれも少数意見である。一方で、「女性は職業を持たない方がよい」という回答も（⑧　　　　　　　）ながら見られる。

　　ついで過去の結果を時系列でみると、「子供ができても、ずっと職業を続ける方がよい」を選んだ人の割合は、平成 21 年は 45.9％だったが、令和元年には 61.0％を（⑨　　　　　　　）。これと対照的に、「子供ができたら職業をやめ、大きくなったら再び職業をもつ方がよい」と回答した人の割合は、平成 21 年から 26 年にかけてほぼ（⑩　　　　　　　）であったが、その後（⑪　　　　　　　）している。

　　出産後も仕事を持ち続けるという考え方が、以前より一般的になってきていると言えるだろう。

書いてみよう

以下の図4について、①図が何を示しているのかを説明し、②読み取れる事実を述べ、③図からわかることをまとめて考察を述べてください。図4だけでなく、図1〜3からわかることや調べたこともあわせて考察してください。

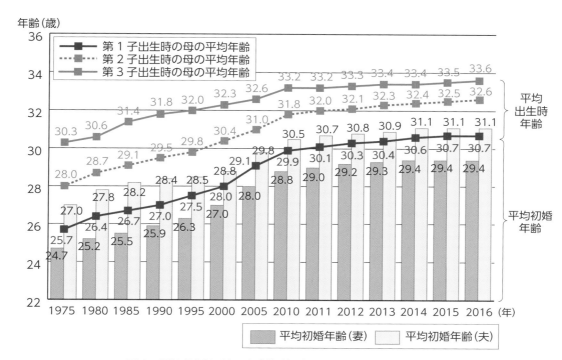

図4　平均初婚年齢と出生順位別母の平均年齢の年次推移

内閣府「平成30年版少子化社会対策白書」図1-1-11
(https://www8.cao.go.jp/shoushi/shoushika/whitepaper/measures/w-2018/30webhonpen/html/b1_s1-1-3.html) を加工して作成

アウトラインの例

字数：400字程度

①	図の説明
②	図から読み取れる事実の説明
③	図からわかることのまとめと考察

書くときの ポイント

図表を正確に読み取り、わかりやすい表現で説明しましょう。

労働に関する社会的課題

 書く前に

次の文章は、「労働に関する社会的課題」というテーマで書かれたレポートの一部です。図を説明する表現、図から言えること、レポート全体の結論を考えながら読んでください。

日本における労働問題
－将来の労働の担い手を確保するために－

タンサニー・シリラック

1．はじめに

　日本では少子高齢化が急速に進んでいる。2020 年 1 月 20 日の総務省統計局の発表によると、2020 年 1 月 1 日現在の日本の総人口の概算値は 1 億 2,602 万人、前年同月に比べ 30 万人減であり、人口の減少が進む中でどのように労働の担い手を確保していくかが社会的な課題となっている。　〈中略〉

2．女性の就業希望

　図 1 は、2017 年の女性の就業希望者の内訳を示している。この図から、働いている女性の割合と就業を希望している女性の割合、就業を希望する人が希望する就業形態と求職をしていない理由がわかる。日本の女性の労働力①_____を年齢②_____にみると、その③_____は緩やかな M 字カーブを描いている。すなわち、仕事をもつ女性の割合は 30 歳前後に④_____、35 歳から 39 歳の 74.2％を⑤_____に、40 歳代で再び⑥_____。これは、A_____ためだと考えられる。

　ここで着目したいのは、就業していないものの、就業を希望する者が 262 万人も存在していることである。希望する就業形態としては非正規の職員・従業員が 70.4％を⑦_____。一般的には、正規の職の方が高い給与を得られるため、非正規の仕事を希望する人は正規の仕事を探す人より少ないと思われるが、図 1 からは、前者の方が後者より⑧_____以上多いことがわかる。現在求職していない理由としては、「出産・育児のため」が 35.6％と⑨_____多く、「介護・看護のため」と合わせると⑩_____以上となる。

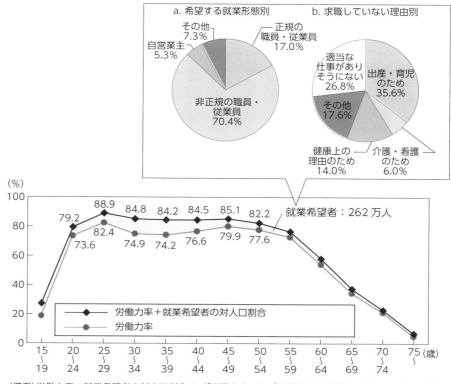

（備考）労働力率＋就業希望者の対人口割合は，（「労働力人口」＋「就業希望者」）／「15歳以上人口」×100。

図1　女性の就業希望者の内訳（2017年）

内閣府男女共同参画局「男女共同参画白書平成30年版」図 I-2-8
(http://www.gender.go.jp/about_danjo/whitepaper/h29/zentai/html/honpen/b1_s00_01.html) を加工して作成

　では、なぜB＿＿＿＿＿＿＿＿＿＿＿＿＿＿＿＿＿＿＿＿＿＿のだろうか。その要因として、日本の長時間労働の問題が考えられる。以下の図2は、週に49時間以上の長時間労働をする人の割合を⑪＿＿＿＿＿＿ものである。日本の男性は長時間労働者が他国に⑫＿＿＿＿＿多いことが明らかであるが、男性だけでなく女性も⑬＿＿＿＿＿であることがわかる。

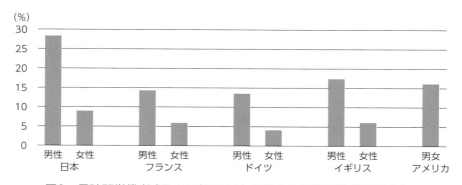

図2　長時間労働者（週49時間以上）の割合の国際比較（2016年）

労働政策研究・研修機構「データブック国際労働比較（2018年版）」p.209 表 6-3
(https://www.jil.go.jp/kokunai/statistics/databook/2018/documents/Databook2018.pdf) を参考に作成

また、同じく内閣府から公表されている調査結果（図3）によると、2016年⑭_____、6歳未満の子供を持つ夫の家事・育児関連時間は1日⑮_____1時間23分であり、先進国の中で⑯_____となっている。それに対して、日本の妻の家事・育児関連時間は7時間を⑰_____、先進国の中で最長であり、家庭内での負担が大きいことが⑱_____。

日本では仕事が長時間労働につながりやすいため、家事・育児関連の負担が大きい女性は、正規の職員・従業員につくことを避ける⑲_____があると考えられる。今後、仕事と家庭を両立できるような労働環境および家庭環境が整えば、社会で活躍する女性が増えるのではないだろうか。　〈中略〉

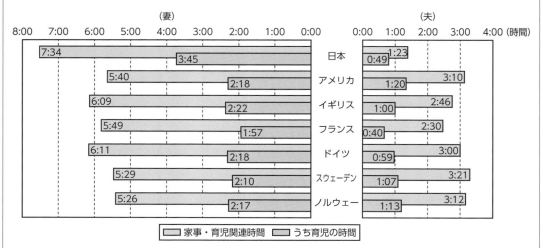

図3　6歳未満の子供を持つ夫の家事・育児関連時間（1日当たり・国際比較）（2016年）

内閣府男女共同参画局「男女共同参画白書平成30年度版」図I-3-8
(http://www.gender.go.jp/about_danjo/whitepaper/h30/zentai/html/honpen/b1_s03_02.html) を加工して作成

以上のことから、人口減少が進む日本で労働の担い手を確保するためには、C～～～～～～～～～～～～～～～～～～～～～～～～～～～～～～～～～と考える。

参考文献
総務省統計局「人口推計　令和2年1月報」https://www.stat.go.jp/data/jinsui/pdf/202001.pdf（2020年1月24日閲覧）
内閣府男女共同参画局「男女共同参画白書（概要版）平成30年版」http://www.gender.go.jp/about_danjo/whitepaper/h30/zentai/pdf/h30_genjo.pdf（2020年9月20日閲覧）
労働政策研究・研修機構（2018）「データブック国際労働比較（2018年版）」https://www.jil.go.jp/kokunai/statistics/databook/2018/documents/Databook2018.pdf（2020年2月28日閲覧）

1．①〜⑲の＿＿＿＿に当てはまることばを以下の □ の中から選び、図を説明してください。

率、別、底、軸、直線、曲線、傾向、現在、同様
じく

4倍、倍、半分、4割、2割、最も、最低、当たり

落ち込み、超え、比して、回復している、占めている、うかがえる、示した、述べた

2．A、B＿＿＿＿には、どのような考察が書かれていると思いますか。

≫ 考えよう

このレポートでは、図が3つ提示されています。筆者はこれらの図を用いて最終的にどのような結論を伝えたかったのでしょうか。C〜〜〜〜に入る結論（主張）を考えてください。

 解説

レポートでは、データを視覚的に示すために図（データを図形で表したもの）または表（データを文字と数字と罫線だけで一覧にしたもの）を用いることがあります。文字ですべて説明するより、表にまとめて提示する、項目が多いときは図にまとめて視覚的に示す、というほうが読み手に論点が伝わりやすくなります。むやみに図表を用いる必要はありませんが、図表を示したほうが主張が伝わりやすくなる場合は、積極的に利用するとよいでしょう。

上のレポートでは、日本における労働の担い手を確保する方法を論じる中で、就業を希望していても出産・育児などを理由に求職していない女性が多数いること（図1）、日本は他国に比べて長時間労働の割合が男女ともに高く（図2）、その一方で家事・育児の負担は女性に偏っていること（図3）を根拠に、**「女性が働きやすい労働環境および家庭環境を整え、就業を希望する女性が活躍できる機会を確保することが急務である」**という結論を導いています。

◆図の種類と提示方法

図を作成する場合は、データの性質や主張したい内容に合わせて適切な図で示す必要があります。例えば、変化を明示する場合は**折れ線グラフ**、数量の多寡（多いか少ないか）を棒の高さで明示する場合は**棒グラフ**、内訳や割合を明示する場合は**円グラフ**、相関関係を示す場合は**散布図**がよく用いられます。

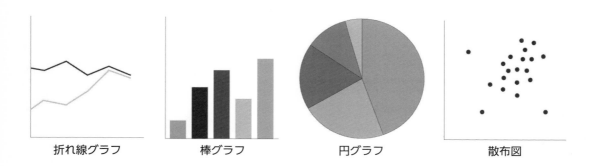

| 折れ線グラフ | 棒グラフ | 円グラフ | 散布図 |

また、図表を作成する場合は、図表が何を示すかをタイトルで簡潔に示します。タイトルの位置は、図の場合は下、表の場合は上が一般的です。タイトルの前には通し番号を振ります。

図表を提示したら、必ず本文中でその図が何を表すのか、その図から何がわかるのかを説明しなければなりません。

◆出典の示し方

図表は、①資料などからそのまま引用する場合、②資料などに掲載されている図表を自分で作成し直す場合、③資料などに掲載されている数値データから自分で図を作成する場合、④自分で集めたデータから図表を作成する場合がありますが、①〜③の場合は必ず出典を示さなければなりません。図表の下に以下のように記載したうえで、レポート最後の引用文献（または参考文献）のリストに詳細情報を記載しましょう。

例）
【図表の下の記載例】
①出典：髙橋（2016）p.121
②出典：髙橋（2016）p.121 の表 4-4 より／表 4-4 を加工して作成 など
③労働政策研究・研修機構（2018）p.209 の表 6-3 より作成

【引用文献（参考文献）の記載例】

①②髙橋圭子（2016）『自然な敬語が基本から身につく本』研究社

③労働政策研究・研修機構（2018）「データブック国際労働比較（2018年版）」https://
www.jil.go.jp/kokunai/statistics/databook/2018/documents/Databook2018.
pdf（2020年2月28日閲覧）

ステップアップ

次の第7課では、SDGs（持続可能な開発目標）に関係のあるテーマでレポートを作成します。貧困、教育、働きがい、ジェンダー、技術革新、環境問題などの中から関心のあるテーマを選び、どのようなことを調べたいか考えましょう。まだレポートのテーマを確定しなくても大丈夫ですが、調べてみたいことについて、どのようなデータがあるか探してメモしてください。レポート課題は142ページを参照してください。

出典	図表タイトル	レポートでの位置づけ
例：内閣府男女共同参画局「男女共同参画白書（概要版）平成30年版」http://www.gender.go.jp/about_danjo/whitepaper/h30/gaiyou/html/honpen/b1_s02.html	女性の就業希望者の内訳	就業を希望しているのに就業できない女性が大勢いて、潜在的な労働力となり得る

第6課
Step
3

書いてみよう

以下の資料から、①関心のある図表を選び、②その図表が何を示しているのか紹介し、③そこから読み取れる事実を述べ、④どのようなことが言えるか考察してください。③を書く際、資料の中に記載（きさい）されている説明を参考にしてもよいですが、そのまま引用する場合は引用のルールにしたがってください。

資料

総務省統計局（とうけいきょく）（2019）「2．調査結果からわかること」『明日への統計2019』https://www.stat.go.jp/info/guide/asu/2019/index.html

アウトラインの例　　　　　　　　　　　　　　　　　　　　　字数：400字程度

①	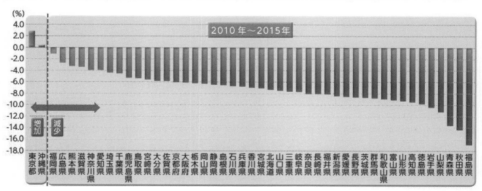図1　都道府県別子どもの人口増加率（2015年） 出典：総務省 (2019) p.21
②	この図は、2010年から2015年における子どもの人口増加率を都道府県別に示したものである。
③	「都道府県別にみると、東京都及び沖縄県を除く45道府県で減少」（総務省 2019, p.21）している。
④	ほとんどの都道府県で子どもの数が減少していることから、少子高齢化が一層進んでいることがわかる。しかし、東京と沖縄だけ例外的に人口が増加しているのはなぜだろうか。東京は、・・・・・・・・・・・・。一方で沖縄は、・・・・・・・・・・・・・・・ことが一因となり、人口が増加していると考えられる。

書くときのポイント

図表を正確に読み取り、わかりやすい表現で説明し、適切な考察を書きましょう。

第7課 持続可能な世界：SDGs を考える

学んだことを生かしてレポートを完成させる

ここまで、アカミック・ライティングの基礎を学んできました。第1課ではアカデミック・ライティングに必要なスキルの全体像を捉え、第2課から第4課では3つのタイプの小論文を書き、第5課と第6課ではレポートに不可欠な「引用の方法」と「図表やデータの示し方」を学びました。第7課では、これまでに学んだことを生かしてレポートを書きます。

SDGs：Sustainable Development Goals（持続可能な開発目標）

※本書の内容は国連の見解に基づくものではありません。

 第7課の目標

自分の日本語力に応じ、「持続可能な世界：SDGs を考える」に関する課題を設定し、必要な情報を収集してレポートを書く。

7-1 レポートとは

はじめに、第１課で示したレポートの定義をもう一度見てみましょう。

> **レポート**
>
> 設定したテーマに関し、文献や資料を読んだり、調査を行ったりして情報を収集し、それらの根拠に基づいて結果と考察を論理的にまとめた文章。
> ※課題（テーマ、問い）は指定される場合もあるが、専門分野や個人の関心、大学の授業の内容、職場の業務内容に応じて自分で考える場合もある。

この課では、以下のレポート課題にしたがって、自分で「問い」を立て、「答え（主張や提案）」を導き出すタイプのレポートを書いてみましょう。

> 〈レポート課題〉 「持続可能な世界：SDGs を考える」
>
> 持続可能でよりよい世界を目指すために、2015 年９月の国連サミットで「SDGs」が示された。2030 年までに達成することが目指されている SDGs の目標の中で、重要だと考える課題は何か。具体的な「問い」を設定して自分なりの「答え」を出すこと。
> ※ 153 ページの「文書作成ソフトの書式」にしたがって書くこと。
> ※日本語力に応じて、800 字、1,200 字、2,000 字程度で書くこと。（参考文献や資料は文字数に含めない。）

参考 持続可能な開発目標（SDGs）に関するウェブサイト

SDGs 17 の目標の日本語版も見られます。

・外務省「JAPAN SDGs Action Platform」

　https://www.mofa.go.jp/mofaj/gaiko/oda/sdgs/about/index.html

・ユニセフ「持続可能な世界への第一歩　SDGs CLUB」

　https://www.unicef.or.jp/kodomo/sdgs/

・United Nations " SUSTAINABLE DEVELOPMENT GOALS"

　https://www.un.org/sustainabledevelopment/

レポートのヒント

これまでの課で学んだ「テクノロジー」や「教育」、「働き方」などは、すべてが SDGs に関連づけられるテーマです。すでに書いたものを利用しつつ、今回新たに調べた情報を取り入れてレポートにしてもよいですし、その他の関心のある社会問題について SDGs に関連させて書いてもよいです。自分の日本語や状況（調べられる資料など）に応じて、書きましょう。

7-2　レポート課題で大切なこと

レポートは、大学では評価のために課される大切なものです。以下のポイントを守ってよい
レポートを完成させましょう。

❶ 課題の内容を正しく理解する

何が求められているのかを正しく理解したうえで、レポート作成を始めましょう（不明な点
があれば、担当教員やクラスメートに確認してください）。

❷ 締め切りと提出方法を守る

いつまでに（何月何日の何時までに）どのような方法で提出するのか（プリントアウトする必
要があるのか、メールに添付するのか、ウェブ上にアップロードするのかなど）確認してく
ださい。締め切りは必ず守ってください。

❸ フォーマットや見た目も整える

レポートは、中身が最も重要なのはもちろんですが、形式的な印象も大切です。レポートの
表紙（表紙をつけない場合は1枚目の上）に、授業開講年度・授業名（授業担当教員の氏名）、
課題名（例：「持続可能な世界：SDGsを考える」）、レポートタイトル（例：「日本における
フードロスの現状と改善策」）、提出年月日、所属学部・学科（専攻名）・学年、学籍番号・氏
名などの必要な情報を書きます。

メール添付などの方法でファイルを送る場合は、ファイル名も指定される場合が多いです。
必ず指示にしたがいましょう。

❹ 本教材で学んだことを守って書く

特に以下のような点を意識して書いてください。

□アカデミック・スタイル（「ふつう体」、「かたい表現」）で統一して書く。

□序論・本論・結論・参考文献の構成で書く（「序論」と「結論」はそれぞれ全体の10％、多く
　ても20％程度が目安）。

- ・序論では、テーマとそのテーマを選んだ理由、そのテーマについてどのような議論を
　するのかを伝える。問いに対する答えを明記する場合もある。
- ・本論では、個人的・主観的なことではなく、客観的事実に基づいて議論する。
- ・結論では、それまでの議論を簡潔にまとめたり、問いに対する答えを明示したりする。
- ・参考文献の書き方は101〜102ページを参考に、統一的な書き方をする。

□正しく適切に引用し、引用した文献はすべて参考文献に示す。

7-3　レポート作成の手順

レポート作成は、❶テーマ（問い）とキーワード、方向性を考える、❷全体的な構成を考える、❸資料を調べて情報を整理する、❹詳細なアウトラインを考える、❺初稿を作成する、❻最終稿として仕上げる、という手順で進めます。❸は、ほかの工程と並行して行っていきます。

❶ レポートのテーマ（問い）とキーワード、方向性を考える

まず、与えられた課題から、テーマを絞り込み、具体的な問いを立てましょう。テーマを選ぶポイントは、**関心**、**規模**、**実現可能性**の３つです。関心がもてないテーマでは書くのが辛くなるので、楽しく調べられるテーマにしましょう。また、テーマの大きさが指定の分量に合っているか（テーマが大きすぎたり小さすぎたりしていないか）という観点も重要です。そして、実は最も大切なのが自分の能力・状況で完成できるかどうかです。例えば、必要な資料を入手するまでに何週間もかかるテーマを設定する、大量にあるデータをすべて分析しないと答えが出ない問いを立てる、医師の知り合いが一人もいない状況で医師へのインタビューやアンケートを計画する、というのは実現可能性が低いです。

テーマの選び方・絞り方

以下の３人の学生（Ａさん、Ｂさん、Ｃさん）のテーマの選び方を参考に、みなさんもテーマを考え、具体的な問いを立てましょう。テーマを考える中で思い浮かんだ重要なことばをキーワードとしてメモしておきましょう。

先生

> みなさん、レポートのテーマを決めましたか。

> 私は以前から環境問題に関心があるんですけど、まだ何をテーマにしたらいいかわかりません…。

Ａさん

先生

> 環境問題はすごく範囲が広いので、海とか砂漠とか、温暖化とか酸性雨とか、テーマを絞った方がよさそうですね。Ａさんにとって身近なテーマが書きやすいと思いますよ。

> 実は、日本に留学して寮生活が始まったとき、ごみの捨て方が複雑で面倒だなあと思っていました。でも、今は紙のリサイクルとか、とてもいいことだと思っています。私の国タイでは、ごみを分別するという考え方が一般的ではないので、日本のごみの分別はすごく参考になると思います。

Ａさん

先生

では、まずはタイのごみ問題の現状と日本の取り組みについて調べてみますか。

はい、タイのごみの量がどのぐらいあって、どうやって処理しているのか調べてみます。日本の取り組みについては、リサイクルのことを中心に調べてみます。ごみをリサイクルして新しい価値を生み出せば、持続可能な社会にも貢献できると思います。

Aさん

⇒テーマ：タイのごみ問題への提言

キーワード：ごみの分別、リサイクル、3R、プラスチックごみ、エコバッグ

私はこの間、日本の食品ロスに関する新聞記事を読んだんですが、国民全員が毎日ご飯茶碗1杯分に当たる量を捨てていると書かれていて大きなショックを受けました。日本語には「もったいない」というすばらしいことばがあるのに、なんでこんなもったいないことが起きてるんでしょうか。とても不思議に思ったので、図書館で新聞記事を集めて、食品ロスの現状と取り組みの事例を調べてみようと思います！

Bさん

⇒テーマ：日本における食品ロスの現状と取り組み

キーワード：食品ロス、事業ごみ、鮮度志向、賞味期限、消費期限、フードバンク

第6課で「働き方」について考えたとき、日本は先進国なのに男女格差が大きい国として知られていることがわかってびっくりしました。でも、女性の平均寿命は世界一長いし、大学でも男女間に不平等があるようには見えません。私の国ドイツと比べると、健康・教育分野じゃなくて、経済・政治分野での女性の活躍が問題になっているみたいです。だから、今回のレポートでは経済分野に絞って、ドイツとの違いを考察してみたいです。ちょうど、知り合いの日本人女性に日本の会社の役員をしている方がいるので、その人にインタビューをさせてもらって考察に加えようと思っています。

Cさん

⇒テーマ：なぜ日本企業は女性の活躍が進まないのか ―ドイツとの比較―

キーワード：ジェンダー平等、ダイバーシティ、インクルージョン、女性活躍推進法

みなさんもレポートのテーマを考え、キーワードをメモしましょう。

```
テーマ：

キーワード：
```

※テーマはそのままレポートのタイトルにしてもよいですし、後で別のタイトルをつけて
　もよいです（☞「**7-4 タイトルと見出し**」参照）。

次に、下の例を参考にレポートの方向性（何のために何をするか）を１～２文で書いてみま
しょう。

例１（Aさんの場合）：このレポートでは、タイのごみの問題に関し、ごみの排出量と処理
　方法の２つの観点から検討したうえで、日本がごみの問題にどのように取り組んでいる
　か報告する。結論として、タイにおいても３Rに関する教育を推進していく必要がある
　ことを述べる。

例２（Bさんの場合）：このレポートでは、日本における食品ロスの現状と取り組みについ
　て論じる。食品ロスに関する新聞記事や論文を調べ、個人でできる取り組みと国が主導
　すべき対策を提案する。

```
このレポートでは、


```

❷ 全体的な構成を考える

全体の構成を考え、現在考えているテーマで問題ないか、**関心・規模・実現可能性**の観点
から確認しましょう。

ワークシート①【全体構成案】

	内容などに関するメモ
序論	1．はじめに 　例：日本における食品ロスの問題の紹介（新聞記事の引用）、テーマ選択の理由、レポートの目的提示
本論	2．＿＿＿＿＿＿＿＿＿＿＿＿＿ 　例：食品ロスの定義、現状（廃棄の量、理由、傾向など） 3．＿＿＿＿＿＿＿＿＿＿＿＿＿ 　例：食品ロスに対する社会的取り組みの例、個人でできること
結論	4．おわりに 　例：レポートで何をしたか、どのようなことがわかったか、提案のまとめ

❸ 資料を調べて情報を整理する

❶で考えたキーワードをインターネットで検索したり、図書館で本や新聞を調べたりして情報を集めましょう。引用については、99〜102、109〜113ページを参照してください。自分でアンケートやインタビューをして客観的情報を集める方法もあります。集めた資料の情報を整理しましょう。

ワークシート②【収集した資料の整理】

知りたいこと	内容などに関するメモ	出典
例：食品ロスはどのぐらいあるのか。	日本人は1人1日ご飯茶碗1杯分を捨てている。	東京新聞朝刊（2019年5月18日　社説）

❹ 詳細なアウトラインを考える

「7-4 タイトルと見出し」を確認してから、ワークシート③（149ページ参照）に記入しましょう。❷の全体構成を発展させて、重要な段落の中心文（伝えたいことを最もよく表す文）と引用に関する情報もメモしましょう。155ページのチェックリスト（「アウトライン作成時」）も確認しましょう。

❺ 初稿を作成する

155ページのチェックリスト（「初稿作成時」）を確認したら、クラスメートや教員からコメントをもらいましょう。

❻ 最終稿として仕上げる

156ページのチェックリスト（「最終稿作成時」）を確認してから提出しましょう。

7-4　タイトルと見出し

❶ タイトル

1) タイトルで伝えること

7-3 で考えたテーマがレポートの内容を十分に表している場合、そのままタイトルにできますが、「日本文化」のような大きなテーマを考えた場合は、そのままタイトルにすることはできません。「日本文化」では広すぎて、何を論じるか読み取れないからです。その場合は、以下の例のように、日本文化の対象（オタク文化、食文化、若者文化、着物）や調べる対象（アニメ、お弁当）、場所（中国）、時期（明治時代）などを具体的に示したほうがよいです。

例）「アニメにみられる日本のオタク文化」「お弁当から考える日本の食文化」

　　「中国における日本の若者文化の受容」「明治時代における着物の変化」

2) タイトルの形式

名詞形式が一般的ですが、文形式や独創的なタイトルで読み手を引き付けるのもよい方法です。書き手の意向（タイトルでどのような印象を与えたいのか）と読み手に与える印象（レポートを読む人がどのように受け止めるか）の両方を考えてタイトルをつけましょう。

名詞形式の場合：「～の現状／問題／原因／変化／影響／意義／是非／必要性／危険性」などの名詞がよく使われます。

文形式の場合：

例）〈疑問文〉「なぜ日本では女性の社会進出が難しいのか」

　　…「日本では女性の社会進出が難しい」という主張が前提として提示されています。

　　〈主張を伝える文〉「プラスチックごみから海の生き物を守る」

　　…「プラスチックごみと海洋生物」にすると、主張ではなくテーマを伝えるタイトルになります。

　　〈独創的な文〉「ゆるキャラが日本を救う」

　　…やや独創的なタイトルで、おもしろそう！という印象を与えられるかもしれません。

タイトルだけで必要な情報を書ききれないときは、以下のように補足的な情報をサブタイトルに入れます。

例）「ポピュリズムに対する意識の変化—A国とB国の比較—」

　　「高校生が考える学校制服の是非—東京都の高校1年生を対象に—」

　　「世界の子どもたちに給食を— TABLE FOR TWO の活動を焦点に—」

❷ 見出し

1,000 字程度であれば見出しがなくても問題ありませんが、見出しがあると読み手が全体の構成を理解しやすくなります。卒業論文などの長文の論文では、章（1）、節（1-1 または 1.1）、項（1-1-1 または 1.1.1）の順に番号を振って構成を整理しましょう。

レポートでは、最初の章は「はじめに」「本レポートの目的」、最後の章は「おわりに」「むすび」「まとめと今後の課題」という見出しが多いです。見出しは簡潔な名詞形式が一般的です。

ワークシート③【詳細なアウトライン】

内容・構成	引用資料
タイトル「　　　　　　　　　　　　　　　　　　　　　　」 　例：「日本における食品ロスの現状と取り組み」 1. ＿＿＿＿＿＿＿＿＿＿＿＿＿＿＿ 　例： 　・日本における食品ロスの問題の紹介 　　日本人は1人1日ご飯茶碗1杯分を捨てている。 　・テーマ選択の理由 　・レポートの目的提示 　　このレポートでは、日本における食品ロスの現状と取り組みの実例を紹介し、今後、個人で実践できる取り組みと国が主導すべき対策を提案する。	東京新聞朝刊（2019 年 5 月 18 日　社説）
2. ＿＿＿＿＿＿＿＿＿＿＿＿＿＿＿ 　例： 　・2.1　食品ロスの現状 　　消費者庁のホームページによると、「食品ロスとは、まだ食べられるのに廃棄される食品のこと」である。 3. ＿＿＿＿＿＿＿＿＿＿＿＿＿＿＿ 4. ＿＿＿＿＿＿＿＿＿＿＿＿＿＿＿	消費者庁「食品ロスについて知る・学ぶ」 https://www.caa.go.jp/policies/policy/consumer_policy/information/food_loss/education/

155 ページのチェックリスト（「アウトライン作成時」）を確認しましょう。

Step1【表現練習】(p.29)　１．①だ／である　②ない　③では　④した、しなかった　⑤集め、だ／である　⑥高く、多い　⑦であり、ある　⑧しており、する　⑨調べずに　⑩わからず　２．①しました → した　②読んでる → 読んでいる　③集めなきゃならない → 集めなければならない　④わかりませんでした → わからなかった　⑤したんだ → したのだ／したのである

Step2【表現練習】(p.35)　１．①この　②その　③それ　④それ　⑤これ　⑥そのため　⑦そのため　⑧そこで　⑨しかし　⑩つまり

Step3【確認しよう】(p.38, 39)　１．a× b○ c× d○　２．d

Step1【表現練習】(p.49)　１．①ともに　②おそらく　③すべて　④ほぼ　⑤一般的に
２．①あと → また／さらに　②たくさん → 多く　③だから → そのため／したがって　④一番 → 最も　⑤もっと → より／さらに

Step2【表現練習】(p.56, 57)　１．①増加している　②のだろうか　③と思われる　④あろう　⑤のではないだろうか　２．①考える　②使えるからである　③必要になる　④負担　⑤理解できる　⑥のではないか　⑦考える

Step3【確認しよう】(p.59)

立場：A

根拠：① AI の処理能力の高さ(、AI の深層学習、Google 翻訳や Siri)
　　　② AI が今後生じる社会問題を解決する可能性をもつこと
　　　　　具体例：介護用ロボットの開発(、AI による医療診断)

反論→反駁：
　　　① AI は人間の仕事を奪う。(→ 新たな仕事が生まれるチャンスである。)
　　　② AI は人間の生活を支配する。(→ 人間には批判的思考力がある。)

Step1【表現練習】(p.72)　１．①インターネット　②筆者　③就職活動　④出現した　⑤用いて／使用して　⑥決定した　⑦作成した　⑧利便性がある／利便性が高い　⑨危険だ／危険である　⑩さまざまな／多様な　２．①違う → 異なる　②簡単 → 容易　③女 → 女性　④やった → 行った　⑤朝ご飯 → 朝食

Step2【表現練習】(p.79)　１．①行われる　②見つかる　③指摘している　④なっている　⑤促進させる　２．①時間である　②与えられているからだ　③早くなる　④利用できるか　⑤認識する必要がある

Step3【確認しよう】(p.81)　教育の格差是正が実現できるように「結果の平等」という視点を持って検討を進めるべきだ。／「結果の平等」という視点を持って、教育の格差是正に取り組むべきだ。
※助詞を入れたり動詞を活用したりして、以下のように書くこともできます。
教育の格差を是正するために「結果の平等」という視点を持つことが求められる。／「結果の平等」という視点を持って、教育の格差是正に取り組まなければならない。／「結果の平等」という視点を持って、教育の格差是正に取り組もう。

※ p.84【表現練習】の解答例はありません。

Step1【表現練習】（p.94, 95）　１．①たところ　②が　③（の）にもかかわらず　④における、における　⑤ため／ことから　⑥に関して　⑦とは　⑧多く、出られないため　⑨使い、配信するなど　⑩という（ことである）　２．①で → において　②iPad とか surface とか → iPad や surface など　③についての → に関する　④みたいだ → という（ことである）　⑤と書かれている → と述べられている

Step2【表現練習】（p.102, 103）　１．①よると　②指摘されている　③報告している　④という　⑤分析している　２．①a　②b　③c　④a　⑤c　３．①という（ことである）／とのことである　②と述べられている／と指摘されている　③レジ袋は排出量全体のわずか２％にすぎないと指摘されている。／リサイクルの取り組みを一層進めることが欠かせないと述べられている。

Step3【確認しよう】（p.106）

１．はじめに（第２段落）

産経ニュース（2018 年 1 月 13 日）は、高齢ドライバーによる重大事故が後を絶たず、交通死亡事故全体に占める 75 歳以上の運転者の割合が増加していることから、

：

高齢者に対して、運転免許を強制的に返納してもらう制度を設けることが望ましいのではないだろうか。

課題②

２．運転免許返納制度の必要性（第１段落～第２段落）

内閣府による『令和元年交通安全白書』では、平成 30 年中の免許人口 10 万人当たりの死亡事故件数に関し、

：

75 歳以上であればさらに危険が高まるのではないだろうか。

課題③

３．運転免許返納制度への反論と提案（第１段落）

一方で、高齢者による交通事故が目立ってきたからといって、一律に高齢者の運転を規制しようとするのは危険だと指摘する声もある（大久保 2019）。

：

また、何年ごとの講習であれば有効かを判断することも難しいため、免許返納のしくみを整え、車の運転は最長で 75 歳までとすることが現時点での最善策だと考えられる。

課題④

Step1【表現練習】（p.125）　１．①やや／わずかに／若干　②超えた／超過した　③のみ　④急激に／急速に　⑤ほぼ　２．①ちょっと → やや／わずかに／若干　②200 件くらい → 200 件程度／約 200 件　③すごく → 大幅に　④だんだん → 次第に／徐々に／緩やかに　⑤増えている → 増加している

Step2【表現練習】（p.132）　①示している／示したものである　②最も　③を超えている　④前後／ほど　⑤強　⑥弱　⑦すぎず／とどまっており／とどまり　⑧わずか　⑨占めている／占める　⑩横ばい　⑪減少／低下

Step3【確認しよう】（p.137）　１．①率　②別　③曲線　④落ち込み　⑤底　⑥回復している　⑦占めている　⑧4 倍　⑨最も　⑩4 割　⑪示した　⑫比して　⑬同様　⑭現在　⑮当たり　⑯最低　⑰超え　⑱うかがえる　⑲傾向

２．A　子育ての時期にいったん離職し、その後再び働き始める女性が多い

　　B　就業を希望しているにもかかわらず就業していない女性が大勢いる／就業を希望する女性は非正規の仕事を希望する／育児や介護がある女性は求職していない

原稿用紙の使い方

ここでは、書き方の一例を示します。実際は各授業の方針や教員の指示にしたがってください。

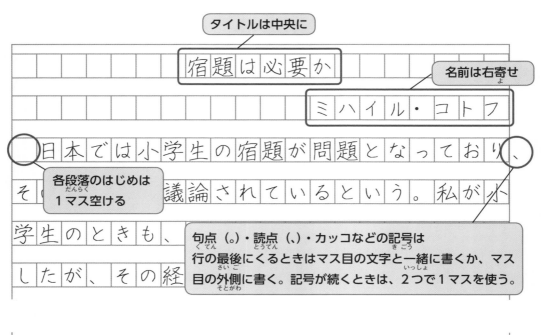

タイトルは中央に

宿題は必要か

名前は右寄せ

ミハイル・コトフ

日本では小学生の宿題が問題となっており、

各段落のはじめは
1マス空ける

議論されているという。私が小

学生のときも、

句点（。）・読点（、）・カッコなどの記号は
行の最後にくるときはマス目の文字と一緒に書くか、マス
目の外側に書く。記号が続くときは、2つで1マスを使う。

したが、その経

では、宿題があれば勉強させることができ、

子どもの成績

2字以上のアルファベットは
2字を1マスに入れる

だろうか。2006年

に経済協力機構（OECD）が行っ

2桁以上の数字は
2つを1マスに入れる

成績のよい国の子どもは成績のよくない国の

子どもより宿題が多いわけではないというこ

とが明らかになった。

ここでは、書き方の一例を示します。本文のフォントは明朝体、タイトルのフォントはゴシック体が一般的です。文字の大きさ、1ページあたりの文字数・行数、ページ数は、各授業の方針や教員の指示にしたがってください。

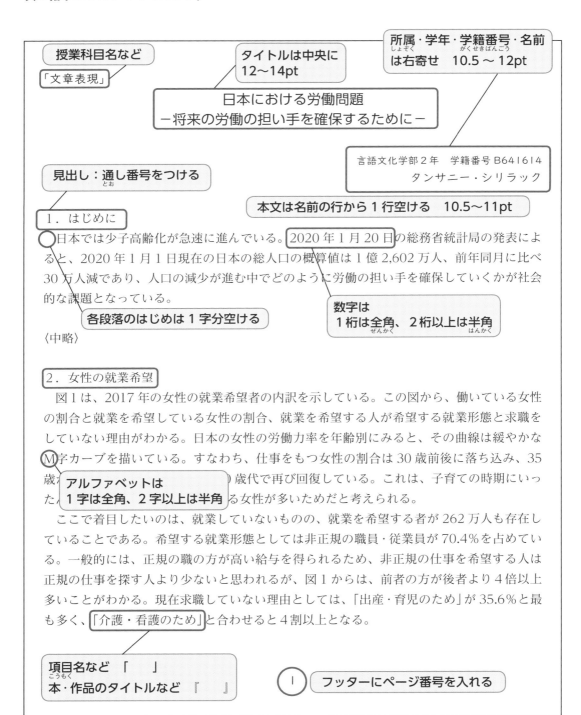

授業科目名など
「文章表現」

タイトルは中央に 12～14pt

所属・学年・学籍番号・名前は右寄せ　10.5 ～ 12pt

日本における労働問題
－将来の労働の担い手を確保するために－

言語文化学部2年　学籍番号 B641614
タンサニー・シリラック

見出し：通し番号をつける

本文は名前の行から1行空ける　10.5～11pt

1．はじめに
　日本では少子高齢化が急速に進んでいる。2020年1月20日の総務省統計局の発表によると、2020年1月1日現在の日本の総人口の概算値は1億2,602万人、前年同月に比べ30万人減であり、人口の減少が進む中でどのように労働の担い手を確保していくかが社会的な課題となっている。

各段落のはじめは1字分空ける

数字は
1桁は全角、2桁以上は半角

〈中略〉

2．女性の就業希望
　図1は、2017年の女性の就業希望者の内訳を示している。この図から、働いている女性の割合と就業を希望している女性の割合、就業を希望する人が希望する就業形態と求職をしていない理由がわかる。日本の女性の労働力率を年齢別にみると、その曲線は緩やかなM字カーブを描いている。すなわち、仕事をもつ女性の割合は30歳前後に落ち込み、35歳代で再び回復している。これは、子育ての時期にいったる女性が多いためだと考えられる。

アルファベットは
1字は全角、2字以上は半角

　ここで着目したいのは、就業していないものの、就業を希望する者が262万人も存在していることである。希望する就業形態としては非正規の職員・従業員が70.4％を占めている。一般的には、正規の職の方が高い給与を得られるため、非正規の仕事を希望する人は正規の仕事を探す人より少ないと思われるが、図1からは、前者の方が後者より4倍以上多いことがわかる。現在求職していない理由としては、「出産・育児のため」が35.6％と最も多く、「介護・看護のため」と合わせると4割以上となる。

項目名など　「　　　」
本・作品のタイトルなど　『　　　』

| フッターにページ番号を入れる

提出する前に、一人の読み手として自分の書いた文章を読んでチェックしてください。

1. 小論文用

内容構成

☐ 序論（はじめ）・本論（なか）・結論（おわり）がバランスよく構成されている。

☐ 序論（はじめ）と結論（おわり）が論理的に対応している。

☐ 序論（はじめ）を読めば、読み手に主張が明確に伝わる。

☐ 本論（なか）に主張に関係のない根拠は含まれていない。

☐ 各段落が前後の段落とどのような関係でつながっているか読み手も理解できる。

　→ただ情報を並べるのではなく、どの情報をどこに置くか、なぜそこに置くか、考えてください。

☐ 各段落の中心文と支持文がどのような関係でつながっているか読み手も理解できる。

　→本論では中心文（段落の中で最も主張したいこと、大切なこと、大きいこと）から先に提示し、具体例や細かい説明は後から書くとわかりやすいです。

〈Step 3の学習者〉

☐ 主張に対する反論と反駁（反論への反論）が書かれている。

　→予想される反論を示したうえで、その反論の弱点を示したり、自分の主張が成り立つ条件を示したりすることによって、主張を強化してください。

言語表現

☐ 文末は「ふつう体」で統一されている。

☐ 文の中も、小論文にふさわしい「かたい表現」で統一されている。

☐ 多様な表現が適切に使われており、主観的な表現が含まれていない。

☐ 漢字などの表記が適切に使われている。

　→形式名詞（例：「こと」「わけ」「もの」）や補助動詞（例：「調べてくる」「検討してみる」）、接続詞（例：「したがって」「また」「つまり」）など、もとの意味が薄くなっていることばはひらがなで書いてください。

☐ 意味が伝わらない文やわかりにくい文がない。

形式ほか

☐ タイトルは、小論文の全体をよく表している。

☐ 指定されたフォーマットや文字数が守られている。

☐ 書き方のルール（段落開始の1字下げや句読点の打ち方など）が守られている。

☐ 手書きの場合：丁寧で読みやすい字で書かれている。

２．レポート用

①アウトライン作成時

☐ 序論・本論・結論がバランスよく構成されている。

☐ 序論（「はじめに」）の「問い」と結論（「おわりに」）の「答え」が対応している。

☐ 序論（「はじめに」）で、レポートの論点や目的が明確になっている。

☐ 「問い」に対し、複数の観点から検討したうえで「答え」を導き出す構成になっている。

☐ 「問い」や「答え」に関係のない情報やデータは含まれていない。

　→情報量が多すぎる場合は、「問い」を絞り込み、直接関係がない情報は捨ててください。

　→「問い」を絞り込んだら、どのような観点から論じるのか、序論（「はじめに」）に書いてください。

☐ 各段落が前後の段落とどのような関係でつながっているか読み手も理解できる。

☐ 各段落の中心文と支持文がどのような関係でつながっているか読み手も理解できる。

☐ レポートのタイトルは、レポートの全体をよく表している。

☐ レポートの中の見出しは、その章または節の内容をよく表している。

②初稿作成時

☐ 文書作成ソフトの書式が、指定された形式に正しく設定されている。

　→用紙サイズ・文字数・文字のフォントをチェックしてください。

☐ 文章全体がレポートにふさわしい「ふつう体」、「かたい表現」で統一されている。

☐ 多様な表現が適切に使われており、主観的な表現が含まれていない。

☐ 漢字やひらがななどの表記が適切に使い分けられている。

☐ 意味が伝わらない文やわかりにくい文がない。

☐ 引用について：

　☐ 「直接引用」の場合は、一字一句が正確に書き写されている。

　☐ 引用部分がどこからどこまでか、読み手も理解できる。

　☐ 参考文献リストが過不足なく正確に挙げられている。

☐ 図表を入れる場合：

　☐ 図表は、読みとりやすい形になっている。

　☐ 図表の内容は、適切に説明されている。

　☐ 引用する場合は図表の出典が明記されている。

☐ 専門的な用語がある場合は、定義または説明されている。

③最終稿作成時

□　前ページ①②のチェック項目はすべて確認済みである。

□　章や節の見出しの書き方が統一されている。

　　　→数字やアルファベットは、次のどちらかにしてください。

　　　　①１桁なら全角、２桁以上なら半角で入力する。

　　　　②すべて半角で統一する。

　　　→章や節の番号がずれていないか、確認してください。

□　段落の開始部分で１字分、字下げされている。

□　誤字・脱字・変換ミスがない。

□　表記の「ゆれ」がない。

　　　→「わかる」と「分かる」など、同じことばを異なる表記にしないでください。

□　句読点（「。」「、」）は正しく使われている。

　　　→一文が長い場合は、読点を打てば読みやすくなることもあります。

【参考文献について】

□　引用した文献がすべて挙げられている。

□　すべての文献が同一の方式で書かれている。

□　著者の氏名の 50 音順に並べられている。

　　　→同じ著者の文献が２つ以上ある場合は、発行年の順に並べてください。

□　書名は『　』で、論文名は「　」で示されている。

□　１つの文献の情報が２行にわたる場合は、２行目が右に下げられている。

□　ウェブサイトを挙げる場合は、アクセスした最終閲覧日が記されている。

このリストでは、「やわらかい表現」に対応する「かたい表現」を調べることができます。わかりやすく対応させて示していますが、完全に言い換えられない場合もあります。特に、「かたい表現」が複数ある場合は、文脈や共起する表現によってふさわしい表現を選ぶ必要があります。「課」の列の数字は、本教材の Step1 で扱った課の番号を表しています。

注意

◆アカデミック・ライティングでは、以下の表現は使いません。
　・ア系の指示詞(例：ああいった、あっち、あんな、あそこ　など)
　・敬語表現・敬称表現(例：いらっしゃる、おっしゃる、～さん　など)
　・授受表現(例：～てあげる、～てくれる、～てもらう　など)
　・終助詞(例：～ね、～よ　など)
　・オノマトペ(例：ドキドキ、ペラペラ　など)

◆「～です」「～ます」の活用形は、第2課 Step1 (27 ページ) を参照してください。

	やわらかい表現	かたい表現	用例	課
あ	朝ご飯	朝食	朝食をとらない若者が増加している。	4
	あと	また／さらに	また、以下のことを検討した。	3
	あまり〔あんまり〕～ない	それほど／さほど～ない	このような例はさほど多くない。	3
	いい	良い／よい	予測よりよい結果が得られた。	4
	一番	最も	東京は日本で最も人口密度が高い。	3
	一緒に	ともに	家族とともに海外に移住する人が多い。	3
	いっぱい	多く／大勢／大量に「大勢」は人の数について用いる。「いっぱいある」＝「多い」	イベントには子連れの家族が多く参加していた。／電車内には通勤客が大勢いる。／その工場では水が大量に使用されている。	3
	いつも	常に／あらゆる時も	車の運転中は常に目の前の様子に集中しなければならない。／あらゆる時も冷静に行動することが求められる。	3
	今	現在	現在、調査中である。	3
	いろいろ	さまざま	事故の原因はさまざまある。	3
	いろいろな／いろんな	さまざまな／多様な	この街はさまざまな国の人が住んでおり、多国籍化している。／多様な意見を集めるため、10代から70代を対象に調査した。	4
	受かる	合格する	N1に合格することを条件とする。	4
	選ぶ	選択する	受験科目を選択しなければならない。	4
	大きく	大幅に	計画は当初の予定から大幅に変更となった。	6
	オーバーする	超える／超過する	月に100時間を超える残業は違反となる。	6
	男／男の人女／女の人	男子／男性女子／女性	世界各国において、寿命は男性より女性のほうが長い。／このクラスの男子と女子の人数はほぼ同数である。	4
か	～かな	～だろうか	これは何を意味するのだろうか。	5
	変わる／変える	変化する／変更する	10年前と比較すると、街の様子は著しく変化した。／台風のために旅行先を変更した。	6
	簡単だ	容易だ〔である〕	誤解を解くのは容易ではない。	4

やわらかい表現	かたい表現	用例	課
キープする	保つ	5年連続1位を保っている。	6
きっと	確実に	A氏は確実に当選すると言われている。	3
決める	決定する／決断する／決心する	投票によって議長を決定した。	4
～くらい〔ぐらい〕	～程度	アンケート調査は200名程度必要である。	6
比べる	比較する	AとBを比較し、分析した。	4
ケータイ／携帯	携帯電話	携帯電話を使う際は、周囲の人への配慮が必要だ。	4
結構	比較的	2021年の夏は比較的過ごしやすかった。	3
～けれど〔けど〕	～が	アンケート調査をしたが、回答が少なかった。	5
けれども	しかし	A国は旅行先として人気がある。しかし、治安がよいとは言えない。	3
こういった	こうした	こうした研究の結果、より糖度の高いメロンの開発に成功した。	3
こっち	ここ／これ	彼の小説家としての人生はここから始まった。	3
ご飯	食事	個食とは、家族と住んでいても一人で食事をすることである。	4
これから	今後	今後の学習計画を提出する。	3
こんな	このような	このような環境で学べることに感謝している。	3
最近	近年	近年、温暖化が進んでいる。	3
～し、～し	〈連用中止形〉、～ため	大雨が降り、風も強いため、コンサートは中止となった。	5
自分	筆者	筆者が行った調査の結果、以下のことが明らかになった。	4
～じゃ	～では	当選したのはベテランのA氏ではなく、新人のB氏であった。	2
就活	就職活動	就職活動のためにスーツを購入した。	4
しょっちゅう	頻繁に	この店には観光客が頻繁に訪れる。	3
ずいぶん	かなり	パソコンの使用により、かなり視力が下がった。	3
すごく	非常に／大変／極めて	悪天候が続いたため、野菜の値段が非常に高くなっている。	3
少し	やや／わずかに／若干	投票率がわずかに上昇した。	6
ずっと	長い間／長期間／長時間	長時間同じ姿勢で仕事をするのは体によくない。	3
スマホ	スマートフォン	小学生にスマートフォンを持たせる親が増加している。	4
する	行う	全国の国立大学において調査を行った。	4
絶対（に）～	確実に	練習を繰り返し行えば、確実に上達するであろう。	3
絶対（に）～ない	決して～ない	知らない電話番号からの着信には決して出てはいけない。	3
全然～ない	まったく～ない	この地域はまったく雨が降らない。	3
全部	すべて	天候被害を受けた野菜はすべて処分しなければならなかった。	3
全部の	すべての／あらゆる	すべての生徒に対して、一人1台のパソコンを用意する。／建物内のあらゆる場所に防犯カメラが配置されている。	3
そういった	そうした	日本の家には、そうした日本らしい考え方が表れている。	3

さ

やわらかい表現	かたい表現	用例	課
～そうだ	～という（ことである）	図書館のオンラインサービスが再開されるという。	5
そして	また／次に／さらに	次に、この調査の手順を説明する。	3
そっち	そこ／それ	そこから恐竜の化石が発見された。	3
それから	また	実験に必要なものは水である。また、電池も忘れてはならない。	3
それで	そのため／したがって／そこで	そのため、日程が変更になった。／したがって、結論は以下の通りである。／そこで、別の方法で調査することにした。	3
それに	また／さらに	年齢を重ねると体力が低下するが、さらに、判断力も衰えると指摘されている。	3
そんな	そのような	そのような光景は日本特有だと思われる。	3
そんなに～ない	それほど［さほど］～ない	その件は、それほど重要ではない。	3
だいたい	ほぼ／おおよそ／約	日本の人口はほぼ1億2千万人である。	3
大変な	厳しい	世界の経済状況が厳しくなっている。	4
だから	そのため／したがって／そこで	（「それで」参照）	3
たくさん	多く／大勢／大量に 「大勢」は人の数について用いる。「たくさんある」＝「多い」	（「いっぱい」参照）	3
～だけ	～のみ	実験可能な対象者は8名のみであった。	6
だけど	しかし	（「けれども」参照）	3
たぶん	おそらく	野菜の値段が高いのは、おそらく冷夏の影響だろう。	3
～たら…た	～たところ…た	検索してみたところ、1,500件の用例があった。	5
～たり、～たり	〈連用中止形〉、～など	文献を調査し、仮説を立てるなどの準備が必要だ。	5
だんだん	次第に／徐々に	徐々に規制が緩和された。	6
違う	異なる	国によって食事の習慣が異なる。	4
ちゃんと	正式に	アルバイトで2年間働いた後、社員として正式に採用された。	3
チョー（超）	大変／非常に／極めて	（「すごく」参照）	2
ちょっと	やや／わずかに／若干	（「少し」参照）	6
使う	用いる／使用する／利用する	日本では一般的に長さの単位としてセンチメートルを用いる。／ポイントを利用して買い物をする。	4
作る	作成する／制作する	参考にした文献のリストを作成した。／ウェブページを制作するという課題が出された。	4
～って（いうのは）	～とは	就活とは、「就職活動」の略語である。	5
～で V	～において V	東京においてオリンピックが開催された。	5
～です	～だ［である］	この図は、1990年から30年間の人口の推移を表したものである。	2
～での N	～における N	東京におけるオリンピック開催が延期された。	5
～ではありません	～ではない	筆者の国では、電子マネーは一般的ではない。	2
でも	しかし	（「けれども」参照）	3
～てる	～ている	この表は、調査によって収集したデータをもとに作成している。	2
出る	出現する／現れる／発生する	オーロラは北欧などで冬の時期に出現する。	4

た

やわらかい表現	かたい表現	用例	課
～と言（い）っている	～と述べている／～と報告（ほうこく）[指摘（してき）] している	知事は、教育に関する政策を強化すると述べている。／政府は、災害の規模は過去最大級だと報告している。／専門家は、数年以内に大きな災害が起こると指摘している。	5
どういうふうに	どのように	どのようにストレスを解消するかを調査した。	6
どういった	どのような	どのような結果が出るかを事前に予測する。	3
どうして	なぜ	なぜ日本における長時間労働は減らないのだろうか。	6
～とか ～とか	～や～など	日本ではサッカーや野球などの人気が高い。	5
～と書（か）いてある [いる]	～と述べている／～と報告 [指摘] している	(「～と言っている」参照)	5
～と書（か）かれてある [いる]	～と述べられている／～と報告 [指摘] されている	新聞では、A氏の説は問題があると指摘されている。	5
～と書（か）く	～と述べている／～と報告 [指摘] している	(「～と言っている」参照)	5
ときどき	時折（ときおり）	外国からの観光客を時折見かける。	3
どきどきする	緊張（きんちょう）する	はじめて日本語で自己紹介をしたとき、非常に緊張した。	6
～とく	～ておく	台風に備えて、非常食を準備しておく。	2
ところ	点（てん）	不明な点があったため、再調査した。	4
どっち	どちら	どちらの方法が良いか考える。	3
どっちにしても	いずれにしても／いずれにせよ	いつ大きな地震が起こるかわからないが、いずれにしても、避難訓練をしておくことが重要だ。	3
とても	大変（たいへん）／非常（ひじょう）に／極（きわ）めて	(「すごく」参照)	3
～と話（はな）している	～と述べている／～と報告 [指摘] している	(「～と言っている」参照)	5
どんどん	急激（きゅうげき）に／急速（きゅうそく）に	スマートフォンは急激に普及した。	6
どんな	どのような	どのような場合が考えられるだろうか。	3
～なきゃならない	なければならない	この食品は冷蔵庫で保管しなければならない。	2
～なくちゃいけない	なくてはいけない	生活費を稼ぐため、アルバイトをしなくてはいけない。	2
なので	そのため／したがって／そこで	(「それで」参照)	3
～なんか	～など	この店ではタブレットなどがよく売れている。	5
なんで	なぜ	(「どうして」参照)	6
～について V	～に関（かん）して V	ストレスに関して調査する。	5
～についての N	～に関する N	ストレスに関する調査を行う。	5
ネット	インターネット	わからないことはすぐにインターネットで調べることができる。	4
～ので／～から	～ため／～ことから	梅雨は湿度が高いため、食中毒が発生しやすい。	5
～のに	～にもかかわらず	台風にもかかわらず、試合が行われた。	5
バイト	アルバイト	留学生のアルバイトは週28時間までと定められている。	4
晩ご飯（ばんごはん）	夕食	遅い時間に夕食をとると、翌日の体調がよくないことが多い。	4
ひどい	厳（きび）しい／激（はげ）しい	厳しい状況を脱して見事に経営を回復させた。／この病気の症状として、激しい頭痛が挙げられる。	4

な

は

やわらかい表現	かたい表現	用例	課
昼ご飯 ひる はん	昼食 ちゅうしょく	この図は日本の会社員が昼食にかける金額を表したものだ。	4
増える ふ	増加する ぞうか	高齢者の人口が増加している。	6
普通 ふつう	一般的に いっぱんてき	日本では一般的に、女性のほうが家事をする時間が長い。	3
プレゼン	プレゼンテーション／発表 はっぴょう	プレゼンテーションの準備が必要だ。	4
ぺらぺら	流暢に りゅうちょう	日本語を流暢に話す。	6
減る へ	減少する げんしょう	車をもつ若者が減少している。	6
勉強 べんきょう	学習 がくしゅう	自宅での学習時間が減少している。	4
勉強する べんきょう	学ぶ／学習する まな がくしゅう	大学では多国籍の学生が学んでいる。／外国語を学習するためのさまざまなアプリケーションが開発されている。	4
便利な べんり	利便性が高い［ある］ り べんせい	交通 IC カードは電車を乗り継ぐ際に利便性が高い。	4
僕 ぼく	筆者 ひっしゃ	（「自分」参照）	4
まあまあ	平均的 へいきんてき	学生時代の成績は平均的だった。	3
まだ	未だに／依然として いま いぜん	世界の不況は依然として収束していない。	3
～みたいだ	～という（ことである）	（「～そうだ」参照）	5
みんな	皆 みな	国民は皆、新しいリーダーを歓迎した。	3
難しい むずか	困難だ［である］ こんなん	環境問題を解決するのは困難である。	4
もう	既に すで	既に述べたように、働き方は多様化している。	3
もちろん	確かに／無論 たし むろん	確かに電子化にはメリットが多い。	3
もっと	より／さらに	次の選挙では、より高い投票率を期待したい。／さらに上のレベルを目指して、根気強く練習を続けている。	3
役に立つ やく た	役立つ やくだ	マスクは風邪の予防に役立つ。	4
易しい やさ	容易だ［である］／平易だ［である］ ようい へいい	今回の入試問題は前回より容易な問題が多かった。	4
休み やす	休暇 きゅうか	日本では長期休暇を取ることが困難である。	4
やっと	ようやく	長期間の研究ののち、ようやく成果を出すことができた。	3
やっぱり［やっぱ］	やはり	誤りのない日本語を書くのはやはり容易ではない。	3
やる	行う おこな	複数のグループが合同で実験を行った。	4
夕ご飯 ゆう はん	夕食 ゆうしょく	（「晩ご飯」参照）	4
よく	頻繁に ひんぱん	（「しょっちゅう」参照）	3
夜ご飯 よる はん	夕食 ゆうしょく	（「晩ご飯」参照）	4
ランチ	昼食 ちゅうしょく	（「昼ご飯」参照）	4
私 わたし・わたくし	筆者 ひっしゃ	（「自分」参照）	4
わりと	比較的 ひかくてき	この街は比較的治安がよいとされている。	3
～んだ	～のだ［である］	より広く普及させることが求められているのだ。	2

左端の見出し文字: ま、や、ら、わ、ん

1. 小論文評価用

小論文：与えられた課題に関し、主張（意見・立場・提案など）を根拠を挙げて論理的に伝えることを目的とする文章 (p.11 表1 参照)

評価の観点／観点の説明		すばらしい〔たいへんよくできました〕	よい〔よくできました〕
内容構成	〈主張〉 主張（課題に対する書き手の回答）が容易に伝わるか。	課題に対し、明確で一貫した主張が論理的に展開されていて、深い洞察が容易に理解できる。	課題に対し、明確で一貫した主張が展開されていて、全体の内容が容易に理解できる。
	〈根拠〉 主張を支える根拠に説得力があるか。	客観的かつ具体的な根拠が過不足なく挙げられ、反論も想定されていて非常に説得力がある。	客観的または具体的な根拠が複数挙げられていて、説得力がある。
	〈論理構成〉 全体の論理構成が明確で、段落間、段落内の情報が整理されているか。	序論・本論・結論がバランスよく配置され、情報のつながりも明確である。	序論・本論・結論がバランスよく配置され、情報のつながりもほぼ問題がない。
言語表現	〈正確さ〉 日本語表現（文型、文法、語彙、表記）に誤用がないか。	全体を通して日本語表現が正確に用いられている。	全体を通して日本語表現がほぼ正確に用いられている。
	〈適切さ〉 アカデミック・ライティングにふさわしい表現（「ふつう体」、「かたい表現」、多様な表現）が適切に用いられているか。	全体を通してアカデミック・ライティングにふさわしい表現が適切に用いられている。	全体を通してアカデミック・ライティングにふさわしい表現がほぼ適切に用いられている。
形式	〈書式〉 書式など（フォーマット、文字数、原稿用紙の使い方など）の指定が守られているか。		

【その他】

□加点対象：独創的な視点が盛り込まれていて読み手の興味を引くなど、書き手の意欲や工夫が伝わる。

□減点対象：タイトルが本文の内容と合っていない、手書きの場合に極端に読みづらいなど、読み手を混乱させる要因がある。

ふつう	もう一歩	がんばれ
その ちょうし	**あと すこし**	**がんばりましょう**
一読しただけで課題に対する主張は伝わるが、読み手が容易に理解できない内容も一部含まれる。	一読しただけでは課題に対する主張が伝わらず、読み手が理解できない内容も含まれる。	課題を正確に捉えていないか、<u>また</u>は課題に対する回答が伝わらない。
根拠が複数挙げられているが、客観性や具体性に欠けるため、やや説得力が弱い部分もある。	根拠の多くが主観的または表面的で主張のサポートとして弱いため、説得力に欠ける。	根拠が主張のサポートになっていないため、説得力がない。
序論・本論・結論に分けられるが、バランスの悪い点や情報が飛躍または重複している部分もある。	序論・本論・結論のバランスが悪いか、<u>または</u>情報のつながりに問題がある。	序論・本論・結論のバランス<u>および</u>情報のつながりに大きな問題がある。
不正確な日本語表現が部分的に見られる。	不正確な日本語表現が多数見られる。	全体を通して日本語表現が不正確である。
アカデミック・ライティングにふさわしくない表現（「ていねい体」、「やわらかい表現」、単調で稚拙な表現）が部分的に見られる。	アカデミック・ライティングにふさわしくない表現（「ていねい体」、「やわらかい表現」、単調で稚拙な表現）が多数見られる。	全体を通してアカデミック・ライティングとして適切ではない。
書式などが守られている。	書式などの逸脱が見られる。	書式などが守られていない。

採点方法（小論文・レポート共通）
以下の方法で集計することを想定して作成しています。授業目的に合わせて適宜配点を変えてご利用ください。

① 【内容構成】【言語表現】のそれぞれの観点に関し、「すばらしい＝５点」、「よい＝４点」、「ふつう＝３点」、「もう一歩＝２点」、「がんばれ＝１点」で評価し、【形式】に関しては「ふつう＝３点」、「もう一歩＝２点」、「がんばれ＝１点」で評価する。

② 【その他】に当てはまる場合、最大２点まで加点または減点する（満点30点）。

2．レポート評価用

レポート：設定したテーマに関し、文献や資料を読んだり、調査を行ったりして情報を収集し、それらの根拠に基づいて結果と考察を論理的にまとめた文章 (p.11 表1 参照)

評価の観点／観点の説明		すばらしい（たいへんよくできました）	よい（よくできました）
内容構成	〈問いと回答〉 適切なテーマ・問いが設定され、それに対して明確な主張・回答が導き出されているか。	適切なテーマ・問いが設定され、深い洞察に基づき明確な主張・回答が導き出されている。	適切なテーマ・問いが設定され、明確な主張・回答が導き出されている。
	〈事実に基づく根拠〉 客観的な根拠が適切に引用され、問いに対して十分な検討がなされているか。	客観的な根拠が過不足なく適切に引用され、問いに対して多角的な検討がなされている。	客観的な根拠が適切に引用され、問いに対して検討がなされている。
	〈論理構成〉 全体の論理構成が明確で、章（節）間、段落間、段落内の情報が整理されているか。	序論・本論・結論がバランスよく配置され、情報のつながりも明確である。	序論・本論・結論がバランスよく配置され、情報のつながりもほぼ問題がない。
言語表現	〈正確さ〉 日本語表現（文型、文法、語彙、表記）に誤用がないか。	全体を通して日本語表現が正確に用いられている。	全体を通して日本語表現がほぼ正確に用いられている。
	〈適切さ〉 アカデミック・ライティングにふさわしい表現（「ふつう体」、「かたい表現」、多様な表現）が適切に用いられているか。	全体を通してアカデミック・ライティングにふさわしい表現が適切に用いられている。	全体を通してアカデミック・ライティングにふさわしい表現がほぼ適切に用いられている。
形式	〈書式〉 書式など（フォーマット、分量、参考文献リストなど）の指定が守られているか。		

【その他】
□加点対象：独創的な視点が盛り込まれていて読み手の興味を引くなど、書き手の意欲や工夫が伝わる。
□減点対象：タイトルが本文の内容と合っていない、手書きの場合に極端に読みづらいなど、読み手を混乱させる要因がある。

ふつう	もう一歩	がんばれ
その ちょうし	あと すこし	がんばりましょう
テーマ・問いの立て方またはそれに対する主張・回答に、不適切または不明確な部分がある。	テーマ・問いの立て方またはそれに対する主張・回答が、不適切または不明確である。	テーマ・問いの立て方およびそれに対する主張・回答が、不適切かつ不明確である。
根拠が引用され、問いに対して検討がなされているが、不十分または不適切な部分がある。	引用するデータ・事実が根拠として不十分または不適切であるか、または引用の方法が不適切である。	引用するデータ・事実が根拠として不十分または不適切で、かつ引用の方法も不適切である。
序論・本論・結論に分けられるが、バランスの悪い点や情報が飛躍または重複している部分もある。	序論・本論・結論のバランスが悪いか、または情報のつながりに問題がある。	序論・本論・結論のバランスおよび情報のつながりに大きな問題がある。
不正確な日本語表現が部分的に見られる。	不正確な日本語表現が多数見られる。	全体を通して日本語表現が不正確である。
アカデミック・ライティングにふさわしくない表現(「ていねい体」、「やわらかい表現」、単調で稚拙な表現)が部分的に見られる。	アカデミック・ライティングにふさわしくない表現(「ていねい体」、「やわらかい表現」、単調で稚拙な表現)が多数見られる。	全体を通してアカデミック・ライティングとして適切ではない。
書式などが守られている。	書式などの逸脱が見られる。	書式などが守られていない。

採点方法 (小論文・レポート共通)

以下の方法で集計することを想定して作成しています。授業目的に合わせて適宜配点を変えてご利用ください。

① 【内容構成】【言語表現】のそれぞれの観点に関し、「すばらしい＝5点」、「よい＝4点」、「ふつう＝3点」、「もう一歩＝2点」、「がんばれ＝1点」で評価し、【形式】に関しては「ふつう＝3点」、「もう一歩＝2点」、「がんばれ＝1点」で評価する。

② 【その他】に当てはまる場合、最大2点まで加点または減点する(満点30点)。

参考文献

アカデミック・ジャパニーズ研究会 (2015)『改訂版 大学・大学院 留学生の日本語 ②作文編』アルク

アカデミック・ジャパニーズ研究会 (2015)『改訂版 大学・大学院 留学生の日本語 ④論文作成編』アルク

石黒圭 (2012)『この 1 冊できちんと書ける！ 論文・レポートの基本』日本実業出版社

石黒圭 (編) (2017)『現場に役立つ日本語教育研究 3 わかりやすく書ける作文シラバス』くろしお出版

石黒圭・筒井千絵 (2009)『留学生のための ここが大切 文章表現のルール』スリーエーネットワーク

鎌田美千子・仁科浩美 (2014)『アカデミック・ライティングのためのパラフレーズ演習』スリーエーネットワーク

桑田てるみ (編) (2015)『学生のレポート・論文作成トレーニング改訂版　スキルを学ぶ 21 ワーク』実教出版

小森万里・三井久美子 (2016)『ここがポイント！ レポート・論文を書くための日本語文法』くろしお出版

佐藤勢紀子・仁科浩美 (1997)「工学系学術論文に見られる『と考えられる』の機能」『日本語教育』93，日本語教育学会，61-72．

友松悦子 (2008)『小論文への 12 のステップ』スリーエーネットワーク

西川真理子・橋本信子・山下香・石黒太・藤田里実 (2017)『アカデミック・ライティングの基礎　－資料を活用して論理的な文章を書く－』晃洋書房

二通信子・大島弥生・佐藤勢紀子・因京子・山本富美子 (2009)『留学生と日本人学生のためのレポート・論文表現ハンドブック』東京大学出版会

横田淳子・伊集院郁子 (2010)『大学で必要とされる日本語文章力の習得をめざす　初級・中級文章表現』東京外国語大学留学生日本語教育センター (内部印刷)

参考資料

「東京外国語大学留学生日本語教育センター JLPTUFS アカデミック日本語 Can-do リスト」

　　http://www.tufs.ac.jp/common/jlc/kyoten/development/ajcan-do/index.html

「日本・韓国・台湾の大学生による日本語意見文データベース」

　　http://www.tufs.ac.jp/ts/personal/ijuin/koukai_data1.html

「日本語学習者作文コーパス」

　　http://sakubun.jpn.org

「JLPTUFS 作文コーパス 東京外国語大学『全学日本語プログラム』日本語学習者作文コーパス」（2011 年 3 月 CD-ROM 版）

"The Corpus of Multilingual Opinion Essays by College Students (MOECS)"

　　https://okugiri.wixsite.com/website/corpus-moecs

著者

伊集院郁子

東京外国語大学大学院国際日本学研究院 教授

担当：第1課、第3課～第6課Step3、第3課Step2、第6課Step2、第7課

髙野愛子

大東文化大学外国語学部日本語学科 准教授

東京外国語大学留学生日本語教育センター 非常勤講師

担当：第2課、第3課～第6課Step 1、第4課Step2、第5課Step2

執筆協力

安高紀子（明治大学国際日本学部 特任講師）　第3課～第6課Step2素材提供

日本語を学ぶ人のためのアカデミック・ライティング講座

2020年11月28日　初版第1刷発行
2024年 5月30日　初版第5刷発行

著　者	伊集院郁子　髙野愛子
デザイン・DTP	有限会社ブルーインク
装　幀	岡崎裕樹
編　集	松尾花穂

発行人	天谷修身
発　行	株式会社アスク
	〒162-8558　東京都新宿区下宮比町2-6
	TEL03-3267-6864　FAX03-3267-6867
	https://www.ask-books.com
印　刷	日経印刷株式会社

落丁・乱丁はお取り替えいたします。許可なしに転載・複製することを禁じます。
© Ikuko Ijuin, Aiko Takano 2020
Printed in Japan　　ISBN978-4-86639-360-5

アンケートにご協力ください

 https://www.ask-books.com/support/